고려말 선비 관가정
최청崔淸의 역사

고려말 선비 관가정
최청崔淸의 역사

최정윤, 최낙영, 최수윤, 최문규 공저

해암

서언

이 책은 고려의 마지막 세 왕을 차례로 폐위시키고 무력으로 국권을 찬탈한 태조 이성계의 조선 개국에 끝까지 저항하면서 두문동 72현으로 남아 생을 마감한 고려말의 선비 관가정 최청(崔淸)의 일대기를 고증한 것이다. 책은 모두 6개장으로 나누어 엮었는데, 아래와 같다.

  1장. 관가정 최청(崔淸)의 출생과 가계
  2장. 경주최씨 족보상의 관가정 최청(崔淸)
  3장. 관가정 최청(崔淸)의 고려시대 관직
  4장. 두문동 72현과 관가정 최청(崔淸)
  5장. 관가정 최청(崔淸)의 유적
  6장. 역사 속의 관가정 최청(崔淸)
  부록

1장에서는 족보에 의거하여 청(淸)의 5대조까지 부계와 모계로 나누어 인적사항을 분석하였으며, 자호 관가정(觀稼亭)을 쓰게 된 배경과 익재 이제현 선생과의 인연을 고찰하였다. 2장에서는 관가정 최청에 대하여 고운 최치원 선생의 직계로서 경주최씨 26개 계파 가운데 가장 맏이인 관가정공파 파조인 점을 강조하는 한편, 경주최씨 족보 편찬의 역사를 추구하고, 경주최씨의 계파(系派)와 지파(支派) 현황을 밝히면서 여기에 관가정공파 거창 운정문중과 사천 와티문중을 지파 사례로 곁들였다.

3장 관직활동에서는 지금까지 알려진 최청(崔淸)의 7개 관직 외에 보문각 학사, 중서시랑 및 남로선유사 등 3개 벼슬을 더 찾아내어 모두 10개 관직을 설명하였다.

4장에서는 역사적 지명인 두문동(杜門洞)의 실체를 규명하고, 개성 송악산과 만수산, 경기도 광덕산, 보봉산 등으로 두문동이 여러 곳에 있었다는 사실과 함께 최청의 두문동 실기와 두문동 72현의 인물록을 제시하였다.

5장에서는 경기도 남양주문화원, 충남 서산문화원과 서천군문화원의 협조를 얻어 유적 7개소를 새롭게 조명하는 한편, 최근에 문을 연 경기도 남양주시 최치원기념관과 파주시 통일동산의 고려통일대전을 추가하였다.

6장은 이 책의 결론 부분에 해당한다. 제목을 "역사속의 관가정 최청(崔淸)"으로 하여 고려 말에 있었던 홍건적의 난, 신돈의 세도정치, 이성계의 위화도 회군, 고려말 3대왕의 폐위라고 하는 중대한 역사적 사건의 중심에서 관가정 최청(崔淸)이 처한 상황과 역할을 논하였다. 이를 통해 그를 고려 왕정과 운명을 같이 한 역사 속의 한 인물로 되돌아보고자 한 것이다.

부록에도 의미 있는 자료를 실었다. 지금까지 많이 알려지지 않은 고운 최치원과 관가정 최청의 젊은 시절 존영과 고운시조의 손자 문정공 승로(承老)의 존영 등을 처음으로 소개함으로써 조상들의 옛 모습을 추억하게 하였다.

또한 젊은 세대의 족보 이해를 돕기 위하여 경주최씨 관가정공파의 약식 한글판 족보를 실었다. 이 밖에 경주최씨 관가정공파 대종회 종헌(宗憲)과 관가정공파의 연혁 등을 소개하였으며, 고려 오백 년 역사를 지켜온 공신열사 359명의 인명록을 함께 실어 참고토록 하였다.

지금까지 우리가 알고 있는 관가정 최청(崔淸)에 관한 지식은 족보상에 나와 있는 불과 200자 내외의 짧은 기록이 전부였다. 심지어 후손들이 자랑스럽게 여기는 두문동 72현 관련설에 관해서도 족보에는 명확한 서술이 되어 있지 않다. 이러한 것은 공(公)에 대한 올바른 역사적 평가와 아울러 경주최씨 관가정공파 파조(派祖)로서 공(公)의 공적에 대한 정체성(正體性) 문제와도 관련되는 것이다.

책은 이러한 점에 주목하여 관가정 최청이 활약한 시기의 고려사 관련 자료와 두문동 72현들이 남긴 문집과 고운29세 최낙영(崔樂永)의 미발표문「경주최씨 관가정 청(淸)의 사록(史錄)」등을 참고하여 공(公)이 거쳐 간 고려 말의 행적과 절의정신의 실천사실을 파헤치고, 이를 올바로 알리는데 노력을 기울였다. 그 결과물이 관가정 최청(崔淸)의 행적을 최초로 고증하여 엮은「고려말 선비 관가정 최청(崔淸)의 역사」라는 이 책이다.

이 책이 나오기까지 여러분들의 협조와 많은 성원이 있었다. 먼저 공동 집필에 참여한 관가정공파 대종회 전 사무국장 최낙영과 최문규, 와티문중 현 회장 최수윤 세 분이 대표적이다. 귀중한 자료와 사진을 제공한 관가정공파 대종회 전 사무국장 최병두씨와 경기도 성남거주 최효신, 관가정공파 외티문중 최갑규 종인도 빼놓을 수 없다.

수시로 중요한 자료의 메일교환과 인터넷 작업을 도와준 아내 홍상임 여사와 출판에 앞서 원고를 세심하게 검토해 준 관가정공파 대종회 현 사무총장 최봉환, 와티문중의 최갑윤, 최성영, 최경호, 최연섭, 최삼윤, 최계열, 최학식, 최우정, 최용환, 운정문중의 최준대, 그리고 작가 정훈교 선생 등 여러분들에게 감사드린다.

그리고 무엇보다 고마운 것은 이 책의 출판비 협찬에 참여한 여러분들이다.

경주최씨 관가정공파 대종회(회장 최상길)와 승지공 몽열(감사공)파, 관가정공파 호남종친회(회장 최영종), 관가정공파 사천 와티문중, 와티문중 운룡공 득룡가, 와티문중 자헌공 순학가, 와티문중 가선공 순금가, 와티문중 호의공 득문가, 와티문중 창만공 득래가, 관가정공파 거창 운정문중, 경주최씨 와티문중 재부종친회와 그밖에 협찬을 아끼지 않은 많은 분들이다. 모두 감사드린다.

애석한 일은 이 책 출간 직전에 공동저자의 한분인 서울의 최낙영(崔樂永) 선생께서 급히 작고하였다는 비보(悲報)를 접했다. 그는 경주최씨 관가정공파 대종회 사무국장을 오랫동안 역임하면서 정리한 귀중한 자료를 제공해 집필에 큰 도움을 주었다. 필진을 대표하여 가족을 위로하며, 삼가 고인(故人)의 명복을 비는 바이다.

2021년 9월

대표집필 **최 정 윤**

차 례

서언

I. 관가정 최청(崔淸)의 출생과 가계 ——— 13
  1. 최청(崔淸)의 출생과 가계 ——— 13
  2. 호 관가정(號 觀稼亭)의 유래 ——— 19
  3. 익재 이제현(李齊賢) 선생과의 인연 ——— 22

II. 경주최씨 족보상의 관가정 최청(崔淸) ——— 27
  1. 경주최씨 족보 편찬의 역사 ——— 27
  2. 경주최씨의 계파(系派)와 지파(支派) ——— 33
  3. 경주최씨 족보상의 관가정 최청(崔淸) ——— 45
  4. 지파(支派) 사례 ——— 49

III. 관가정 최청(崔淸)의 고려시대 관직 ——— 61
  1. 공민왕 10년(1361) 문과급제 ——— 61
  2. 공민왕 10년(1361) 보문각학사(寶文閣學士) ——— 62
  3. 공민왕 12년(1363) 정당문학(政堂文學) ——— 64
  4. 공민왕 14년(1365) 중서시랑(中書侍郞) ——— 65
  5. 공민왕 16년(1367) 신주감무(信州監務) ——— 65

  6. 우왕 1년(1375) 첨의중찬(僉議中贊) ──────── 67

  7. 우왕 4년(1378) 남로선유사(南路宣諭使) ──── 68

  8. 우왕 9년(1383) 사복시정(司僕侍正) ────── 70

  9. 우왕 10년(1384) 검교정승(檢校政丞) ────── 71

  10. 조선 태조3년(1394) 좌찬성(左贊成) 제수 ─── 73

Ⅳ. 두문동 72현과 관가정 최청(崔淸) ──────── 75

  1. 두문동(杜門洞)의 유래와 진실 ─────────── 75

  2. 두문동(杜門洞)의 위치 ─────────────── 80

  3. 두문동 72현과 관가정 최청(崔淸) ───────── 92

  4. 두문동 72현의 인물 선정 ──────────── 103

Ⅴ. 관가정 최청(崔淸)의 유적 ─────────── 110

  1. 묘소(墓所) ───────────────────── 110

  2. 모송재(慕松齋) ───────────────── 113

  3. 신도비(神道碑) ───────────────── 116

  4. 도충사(道忠祠) ───────────────── 125

  5. 부성사(富城祠) ───────────────── 126

  6. 모송사(慕松祠) ───────────────── 128

  7. 최치원기념관(崔致遠紀念館) ──────────── 129

8. 고려통일대전(高麗統一大殿) ································ 134

Ⅵ. 역사속의 관가정 최청(崔淸) ································ 137
　1. 최청시대(崔淸時代)의 고려정국 ···························· 137
　2. 홍건적의 난(紅巾賊 亂) ······································ 139
　3. 신돈(辛旽)의 세도정치 ·· 140
　4. 이성계(李成桂)의 위화도 회군 ······························ 143
　5. 우왕, 창왕, 공양왕의 폐위 ··································· 150

책의 마무리 ·· 155

부록 ·· 159
　1. 조상들의 옛 모습 ·· 160
　2. 경주최씨 관가정공파 약식 한글 족보 ····················· 162
　3. 경주최씨 관가정공파 대종회의 연혁(沿革) ············· 168
　4. 경주최씨 관가정공파 대종회 종헌(宗憲) ················ 169
　5. 경주최씨 관가정공파 대종회 역대 회장 ·················· 187
　6. 고려통일대전 공신열사 배향위(配享位) 인명록 ······· 189
　7. 〈표〉, 〈그림〉 목차 ··· 202
참고문헌 및 자료 ··· 205

Ⅰ. 관가정 최청(崔淸)의 출생과 가계

1. 최청(崔淸)의 출생과 가계

　공(公)의 본관은 경주로, 경주최씨(慶州崔氏) 시조 문창후 고운 최치원 선생의 11세 직계손이며, 1344년(고려 충혜왕 5년) 경기도 양주 풍양에서 탄생하여 1414년(조선 태종14년)에 세상을 떠났다. 공(公)의 이름은 청(淸)이며, 연(涓)으로도 불렀다. 자는 직재(直裁)이며, 호는 관가정(觀稼亭)으로, 경주최씨 관가정공파의 파조(派祖)이다.
　고려사 열전(高麗史列傳)에 "우왕9년 계해 11월에 재차 사신으로 보낸 최연(崔涓) 등 4인이 글을 가지고 육로로 환국하다(禑王九年癸亥十一月 今再差來人崔涓等四人 齎文陸路回還)"의 기록에 나오는 최연(崔涓)은 곧 최청(崔淸)을 말하는 것이다. 또 우왕10년 갑자(甲子) 5월과 10월 기사의 "사복정 최연(司僕正 崔涓), 배신 최연(陪臣 崔涓)"도 같은 인물이다. 이와 같이 공(公)의 이름은 족보상의 최청(崔淸)보다 최연(崔涓)이라는 역사적 이름이 더 널리 알려지고 있었다.

호(號) 또한 널리 알려진 관가정(觀稼亭) 외에 다른 호로 송은거사(松隱居士)라고 하는 자호가 있었다. 이 호는 공이 두문동에서 나와 양주 뒷산 송산(松山)으로 다시 들어가 조견(趙狷), 원선(元宣) 등과 함께 은거하면서 송도(松都)를 잊지 못해 지은 호로 알려져 있지만, 후손들에게 널리 불려지지 않았다. 아마 같은 시기 두문동 72현의 한분인 경상도 박익(朴翊)의 호가 송은(松隱)으로 이미 사용되고 있었기 때문이거나, 혹은 문인의 호로서는 적합지 않았던 것으로 짐작된다.

공(公)의 관향 경주최씨는 문창후 고운 최치원(崔致遠)을 시조로 하여 고려 초기에 최승로(崔承老), 최숙(崔肅), 최제안(崔齊顔), 최현배(崔玄培), 최습(崔隰) 등과 그 후손들이 대를 이어 고려조정에 높은 관직을 맡아 고려의 국가체제를 정비하는데 많은 공헌을 하였다.

공(公)의 아버지는 이름이 자운(子雲)으로 벼슬이 판봉상시사(判奉常侍事)였으며, 어머니는 풍양조씨로 자애로운 분이셨다. 할아버지는 이름이 유경(有慶)으로 벼슬이 종1품 문하시중(門下侍中)에 올랐으며, 증조는 이름이 습(隰)으로 벼슬이 삼중대광문하시중찬성사(三重大匡門下侍中贊成事)였고, 고조는 이름이 현배(玄培)이며 벼슬은 삼한벽상 삼중대광문하시중(三重大匡門下侍中)으로 종1품 정승이었다.

아버지 자운(子雲)공은 두 아들을 두었는데, 첫째가 관가정 청(淸)이며, 둘째는 이름이 강(江)으로 역시 이태조의 부름에 불응하여 경기도 여주에서 숨어 지내다가 죽었다. 파보(派譜)에는 그 하계가 장남 온손(溫孫)과 손자 준(濬)으로 이어진다. 후에 강(江)은 경주최씨 판서공파(判書公派) 파조가 되었다.

한편, 모계(母系)를 보면, 조모 윗대까지는 모두 성씨와 생몰연대가 불명하다가 모친대에 와서 비로소 자친(慈親)이 풍양조씨(趙氏)이며, 조광벽(趙光壁)의 딸로 기록된다. 공(公)의 배위(配位)에 대해서는 더 자세하다. 경주이씨 정경부인(貞敬夫人)이며, 좌의정 정순공(靖順公) 이성중(李誠中)의 따님이자 월성군 국당 이천(月城君 菊堂 李蒨)의 손녀이다. 또 고려의 대유학자 익재 이제현(李齊賢) 선생의 종손녀(從孫女)이기도 하다. 익재 이제현 선생이 바로 자신의 종형인 국당공(菊堂公)의 손녀와 청(淸)과의 혼인을 주선하였다는 설이 사실로 전한다.

배위 경주이씨(慶州李氏)는 1346년(충목2)에 태어나서 1409년(태종9)에 향년 64세로 졸(卒)하였다. 성품이 자애롭고 효로써 부모를 받들었으며, 부군을 군자의 예로 대하였다고 신도비명(神道碑銘)에서는 적고 있다. 관가정공보다 2살 연하였으며, 5년 앞에 돌아갔다.

공(公)은 어릴 적부터 선대로부터 쌓아온 명문가에서 엄격하고 바르게 자랐으며, 자질이 이름 그대로 청명하고 강직하였다. 학문 익히기를 남달리 좋아해 일찍이 그 시대 고려의 대학자 문충공(文忠公) 익재 이제현(李齊賢) 선생의 문하에서 수학해 공민왕 10년(1361) 18세 나이로 문과에 급제하였다.

익재 이제현 선생은 평소 공(公)이 보인 학문태도와 출륜(出倫)한 거동을 살펴 훗날 자신의 종손녀와 인연을 맺게 하

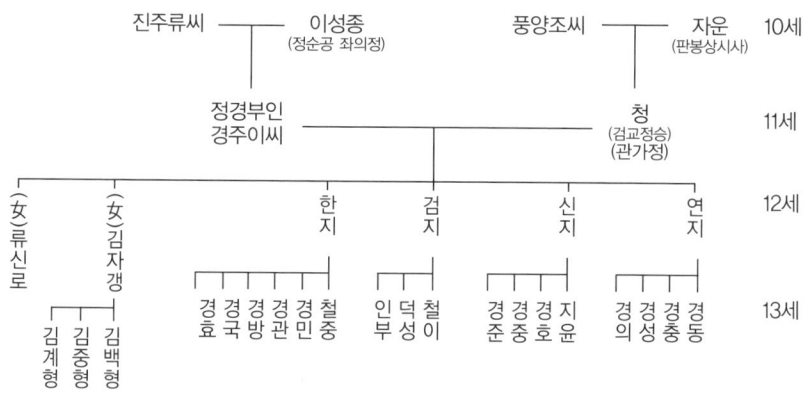

〈그림 1〉 관가정 최청(崔淸)의 가계도

자료 : 경주최씨 대동보, 2006년 丙戌譜.

였는데, 이 분이 바로 관가정공 청(淸)의 배위로, 경주이씨 좌의정 정순공(靖順公) 이성중의 따님이다. 두 분 사이에 4남 2녀의 자녀를 두었는데, 모두 바르게 길러 관계에 내 보냄으로써 훗날 나라 발전에 큰 공헌을 하였다.

장남 연지(淵止)는 문과 급제하여 황해도 수안군수(遂安郡守)를 지냈으며, 차남 신지(信止)는 문과 급제 후 승정원 좌승지(承政院 左承旨)에 올랐고, 3남은 이름이 검지(儉止)로 호조판도전(戶曹版圖典)이었으며, 마지막 한지(漢止)는 정국원종공신(靖國原從功臣)으로 사직(司直) 벼슬을 지냈다. 그리고 두 딸은 중추원 부사 김자갱(金自鏗)과 사직 류신로(柳信老)를 맞아 각각 혼인하였다.

이상을 종합하여 관가정 최청(崔淸)의 가계도를 작성하면 〈그림 1〉과 같다. 또 위의 5대조까지를 부계와 모계로 나누어 가족관계를 정리해 보면, 〈표 1〉과 같다.

〈표 1〉 관가정 최청(崔淸)의 가족관계

	부 계		모 계
고조 7세 현배(玄培)	삼한벽상 삼중대광문하시중 생몰연대 : 불명 묘 : 미상	고조모	성씨 : 불명 생몰연대 : 불명 묘 : 미상
증조 8세 습(隰)	삼중대광문하찬성사 생몰연대 : 불명 묘 : 경기도 양주 풍양	증조모	성씨 : 불명 생몰연대 : 불명 묘 : 미상

	부 계		모 계
조부 9세 유경(有慶)	문화시중, 양광도 도순찰사 초명 : 방(坊) 15세시 충숙왕(忠肅王)이 유경(有慶)으로 이름을 지어줌 생몰연대 : 불명 묘 : 미상	조모	성씨 : 불명 생몰연대 : 불명 묘 : 미상
부 10세 자운(子雲)	판봉상시사 전농시사(典農寺司) 고려의 국경을 요동으로 넓혀 경계를 확실히 함. 생몰연대 : 불명 묘 : 경기도 양주 풍양 당곡(堂谷)	모	풍양조씨 조광벽의 딸 생몰연대 : 불명 묘 : 미상
본인 11세 청(淸)	문과, 정당문학, 검교정승 자 직재(直哉), 초명 연(涓) 호 관가정, 송은거사 출생 : 충혜왕5년(1344) 졸 : 태종14년(1414) 71세 묘 : 경기도 양주 진건면 용정리 요곡	처	경주이씨 좌의정 정순공 이성중의 딸 출생 : 충목왕2년(1346) 졸 : 태종9년(1409) 묘 : 부군합장
아들 12세 연지(淵止)	문과, 통훈대부 수안군수 호 수안(遂安) 출생 : 공민왕7년(1358) 졸 : 미상 묘 : 선고 영하	처	밀양손씨 부사 손순계의 딸 생몰연대 : 불명 묘 : 부군묘역 쌍봉
신지(信止)	문과, 통정대부 좌승지 묘 : 양주 판동	처	월성이씨 한성판윤 이석정의 딸
검지(儉止)	문과, 판도전서 묘 : 양주 판동	처	정부인 개성 왕씨 군수 왕지덕의 딸
한지(漢止)	정국원정공신, 사직 묘 : 미상	처	숙부인 합천 이씨 이평중의 딸

자료 : 경주최씨 관가정공파 세보 권1, 1978.

2. 호 관가정(號 觀稼亭)의 유래

　최청(崔淸)의 호는 관가정(觀稼亭)과 송은거사(松隱居士) 두 가지로 써왔으나 이 중에서 뒤의 호는 널리 알려지지 않았다. 여기서는 묘비와 신도비명을 통해 통상 널리 알려진 앞의 호 관가정(觀稼亭)에 대하여 그 유래를 살펴보고자 한다.

　공(公)이 고려 말 두문동에서 나와 경기도 양주 풍양 선대의 세거지에서 농사로 여생을 보낼 때에 스스로 호(號)를 관가정(觀稼亭)이라 하였다는 기록이 있다(경주최씨 관가정공파 세보, 권1, 1978).

　공(公)의 나이 50세 중반 무렵이며 시대적으로는 송산(松山)에서 숨어 지내다가 양주 풍양에서 말년을 보내는 시기였다.

　이 호(號)가 뒤에 공(公)의 비석에 그대로 올랐으며, 이후 후손들에 의해 관가정(觀稼亭)이 공(公)의 호로 널리 알려지게 되었다.

　이러한 사실을 뒷받침하는 자료가 1924년(甲子) 중순에 공(公)의 묘도(墓道)에 세운 공(公)의 신도비명(神道碑銘)이다. 여기에 의하면, 비명 중간 부분에 "멀리 산야에 숨어 맹세코 세상에 나가지 않고 나무하고 밭 갈면 그 누가 알겠는가 하고, 드디어 양주 풍양으로 숨어 들어 스스로 호(號)를 관가정(觀稼亭)이라 하였다"라는 구절이 나온다.

「公曰 遠遁山野誓不出世 樵之耕之知者 其誰逐隱於楊州之豊壤
　自號 觀稼亭」

　그러므로 공(公)의 호(號) 관가정(觀稼亭)은 앞의 송은 거사라는 호 대신에 자신이 스스로 지은 새로운 호(號)이며 양주 풍양에 내려와 있을 때였다고 분명히 말하고 있다.
　관가정(觀稼亭) 호의 또 한 설은 이보다 훨씬 앞에 조선을 개국한 태조 이성계가 1394년(甲戌)에 두문동을 찾아와 공(公)으로 하여금 뜻을 함께 할 것을 간청하였으나 거절을 당하고 돌아가면서 공(公)이 머문 두문동 산 이름을 어래산(御來山)이라고 하고, 또 공(公)이 머문 집 이름을 관가정(觀稼亭)이라 하여 편액까지 내렸다고 하는 전설에서 유래한다. 여기에 대한 족보상의 기록은 이러하다.

「太祖親臨封其山 曰 御來山 題其亭 曰 觀稼亭」

태조 3년(甲戌, 1394) 공(公)이 고려의 여러 충신들과 더불어 벼슬을 버리고 두문동(杜門洞)에 들어가 숨어 지낼 때의 일이다. 그 뒤로부터 관가정을 공(公)의 호로 불러지게 되었다는 것인데, 이것은 맞지 않는 설이다. 그런데도 오히려 공의 후예들 가운데서는 이 호를 태조 이성계가 직접 내린 호(號)라 하여 자랑스럽게까지 여기는 이들도 적지 않았다한다. 참으로 부끄러운 일이 아닐수 없다.

이 설은 어디까지나 근거없이 전해오는 전설일 뿐, 더 이상 자세한 기록이나 근거는 찾아 볼 수 없다. 족보에는 "그 집을 관가정이라 하였다(題其亭 曰 觀稼亭)"라는 구절은 있으나(관가정공파 세보 권1, 1978) 호를 그렇게 불렀다는 것은 족보상의 기록이나 공(公)의 신도비명(神道碑銘)의 내용과도 일치하지 않는다.

신도비명에는 「太祖鼎革 與牧冶諸賢 入杜門洞…遂於楊州之豊壤 自號觀稼亭」이라 하여 "태조가 정변을 일으키므로 목야(牧冶) 등 제현과 함께 두문동에 들어갔다가 다시 양주 풍양에 있을 때 스스로 호를 관가정(觀稼亭)이라 하였다"라는 기록은 있지만(파보권1, 1978), 태조가 공(公)의 호를 관가정으로 지어주었다는 지적은 어디에도 찾아 볼 수 없다.

오히려 공(公)은 생전에 유언처럼 말하기를, "혹 내 무덤 앞에 비석을 세울 일이 있으면 비명에 고려의 관직만 적을 뿐 조선의 관직은 넣지 말라"고 하였는데, 하물며 태조 이성계가 지어준 호를 생전에 그대로 썼을 리가 만무한 것이다.

　실제로 양주 진건면 하독정 공(公)의 묘소 앞에 세운 비석에는 「高麗檢校政承 觀稼亭慶州崔先生 諱淸之碑」라 적혀 있는 것을 보면, 이러한 사실은 더욱 분명해진다.

　따라서 공(公)의 호 관가정(觀稼亭)에 대해서는 공(公)이 두문동에서 나와 양주 풍양에서 말년을 보낼 때에 스스로 지은 것이 확실해졌으므로 더 이상 여기에 대한 논의는 필요 없을 것이다.

　그러므로 후손들은 이러한 사실을 분명히 인식하여 "청명한 자세로 세상을 살피고 자신을 돌아 본다는 청풍고절(淸風高節)"의 뜻을 담은 공(公)의 자호 관가정(觀稼亭)의 유래와 그 의미를 깊이 새겨두어야 할 것이다.

3. 익재 이제현(李齊賢) 선생과의 인연

　익재 이제현(益齋 李齊賢) 선생은 경주이씨로 고려 충숙왕 때의 재상 이진(李瑱)의 아들이며, 지금의 개성시 동부거

리에 위치한 죽림당에서 자랐다.

1287년 충렬왕 14년에 태어나 1367년(공민왕16)까지 80세를 누린 그 시대 고려 최고의 문장가였다. 우리나라에 안향(安珦) 다음으로 성리학(性理學)을 받아들인 대유학자였으며, 1301년(충렬왕27) 15세에 성균시(成均試)에 장원을 하고, 이어 문과 급제 후 정당문학(政堂文學)으로 벼슬길에 들어섰다. 우정승을 거쳐 공민왕5년(1356)에는 좌정승으로 문하시중(門下侍中)의 자리에 오른 명재상이었다(송경록, 개성이야기, 푸른숲, 2000).

그는 1314년에서 1340년(충혜왕1) 사이에 원(元)나라에 세 차례나 사신으로 갔다 왔으며, 이때 원나라 명사들과 학문을 겨루어 고려의 자존심을 높였다는 것이 기록으로 전한다.

익재(益齋) 선생은 1320년(충숙왕7)부터 고려의 과거시험을 주관하는 좌주(坐主)가 되어 여러 선비를 문과에 합격시켰는데, 그 가운데 대표적인 인물이

〈그림 2〉 익재 이제현의 초상화

목은 이색의 아버지 이곡과 그의 아들 목은 이색(牧隱 李穡)이며, 관가정 최청(崔淸)도 그 가운데 한 분이었다.

1362년(공민왕11) 홍건적의 난 때에는 공민왕을 엄중히 호종한 공으로 1등 공신에 책봉되었는데, 이때 관가정 최청(崔淸)도 호종에 참가하여 어가를 호위하였다.

또, 익재 이제현 선생은 공민왕 재위 12년에서 20년까지 8년간 요승 신돈(辛旽)이 궁에 들어와 왕의 권세를 빌려 정권을 농단할 때에 왕의 면전에서 당시 원로 중신으로서는 유일하게 일사지악(一士之諤)으로 신돈을 탄핵하였으며, 이 일로 목숨까지 잃을 뻔하였다. 이때 관가정 최청도 같이 탄핵에 참여하였다가 벼슬이 강등되기도 하였다.

이제현 선생은 고려 400년 역사를 서술한「편년강목(編年綱目)」과「충헌왕세가(忠憲王世家)」,「김공행군기(金公行軍紀)」와 같은 역사서를 편찬해 후세에 역사학자로도 주목을 받았다. 그가 남긴 문집으로는「익재집(益齋集)」과「익재난고(益齋亂藁)」가 있으며, 문충공(文忠公)시호를 받고 사후에는 공민왕 묘정(廟庭)에 배향되었다.

관가정 최청(崔淸)이 고려의 당대 최고의 학자인 익재(益齋) 이제현 선생과 인연을 맺은 것은 그의 일생에서 뿐만 아니라 그의 가문에 있어서도 가장 큰 행운이었다.

그가 언제부터 선생의 문하에서 학문을 익혔는지는 자세히 알려지지 않으나 일찍부터 선생의 문하에 들어가 소년등과(少年登科)의 영예를 얻었으며, 선생으로부터 선비의 도리를 익히고, 충(忠)과 의(義)와 절(節)을 기본으로 삼는 성리학(性理學)을 깨쳤다(박종기, 고려열전, 청아문화사, 2019).

관가정공이 고려 조정에서 오랫동안 여러 관직을 누리고 마지막에는 정승의 자리에 까지 오를 수 있었던 것은 오로지 이제현 선생의 가르침대로 행해온 결과였다.

망국의 고려를 지키기 위하여 새로운 권부와 맞서 끝까지 절의(節義)를 굽히지 않은 것은 모두 선생의 가르침에서 비롯된 것이다.

이 뿐이아니었다. 익재(益齋) 이제현 선생은 최청(崔淸)과 자신의 종손녀(從孫女)를 부부인연으로 맺게 하였는데, 이분이 바로 관가정 청(淸)의 배위 정경부인 경주이씨이다. 두 분 사이에는 4남2녀의 자녀가 태어났는데, 장남이 수안군수를 지낸 연지(淵止)이다. 네 명의 아들이 각자 4~5명의 자녀를 둠으로 손자가 장손 경동(敬소)을 위시하여 17명이었으며, 다시 그 아래에 태어난 증손자는 계종(繼宗)을 포함하여 27명에 달하였다.

돌이켜 보면, 경주최씨 관가정공 청(淸)을 파조로 하는 경주최씨 관가정공파의 가문을 번창하게 이루어 온 것은 익재 이제현 선생과 맺어진 인연의 결실이었다.

Ⅱ. 경주최씨 족보상의 관가정 최청(崔淸)

1. 경주최씨 족보 편찬의 역사

우리나라 족보연구의 대가 송준호교수의 연구에 의하면, 우리나라 최초의 족보(族譜)는 세종5년(1423)에 편찬된 문화류씨영락보(文化柳氏永樂譜)로 알려진다. 그러나 이것은 아쉽게도 현재 서문만 남아 있으며 본문은 알 수 없다.

두 번째로 편찬된 것이 성종7년(1476)의 안동권씨성화보(安東權氏成化譜)로, 총3권, 364페이지 분량이다. 세 번째 역시 명종17년(1565)에 나온 문화류씨가정보(文化柳氏嘉靖譜)이며, 총10권, 2,024페이지 분량으로 현존한다. 네 번째가 인조27년(1649)에 편찬된 청송심씨보(靑松沈氏譜)이다 (송준호, 朝鮮社會史硏究, 일조각, 1987).

역사 이래 관가정 최청(崔淸)의 관향인 경주최씨 보첩(譜牒)이 최초로 만들어진 것은 조선 영조10년 갑인(1734)년에 편찬된 갑인보(甲寅譜)이며, 이를 일명,「시창초보(始創初

譜)」라 하였다. 이어 영조40년 갑신(1764) 11월에는 「甲申譜(갑신보)」가 편찬되었다. 여기에는 후손 규택(揆宅)이 서문을 써서 남겼는데, 지금으로부터 250여 년 전의 일이다.

그는 서문에서 "8도를 헤매기 십 수년 만에 보책을 만들어 처음으로 세상에 반포하므로 후일 수보자(修譜者)는 이것을 참고하여 더욱 믿을만한 보서가 나오기를 기대한다."고 하였다. 앞의 세 성씨의 족보 편찬역사에 비할 바는 못 되지만, 다른 성씨들과 비교할 때 비교적 이른 시기에 족보를 편찬하였던 것이다.

1777년, 정유(丁酉) 5월에 세 번째로 편찬된 경주최씨 족보가 정유보(丁酉譜)이다. 이것은 일명 「정유시창보(丁酉始創譜)」라고도 하며 후손 공급(公伋)이 여기에 서문을 썼다. 앞의 갑인보(甲寅譜)보다 수 십년 후에 편찬된 보서인데도 불구하고 이를 경주최씨족보 가운데서 가장 먼저 편찬된 것이라 하여 「시창보(始創譜)」라 하였는데, 이것은 잘못된 지적인 것 같다. 혹, 이전에 편찬된 갑인보(1734)와 갑신보(1764)의 존재사실을 미처 파악하지 못하고 있었던 것은 아닌지 다시 한 번 살펴볼 일이다.

네 번째 족보는 순조5년(1805)에 편찬된 「을축보(乙丑譜)」이며, 후손 공한(公漢)이 여기에 서문을 썼다. 순조(純祖)시대에는 이밖에 두 차례 더 족보를 편찬하였는데, 순조17년 (1817) 정축(丁丑)년 여름에 다섯 번째로 은율인 송치규(宋穉圭)가 서문을 남긴「정축보(丁丑譜)」를 편찬하였다. 경주 상서장(上書壯)에서 편찬 작업이 이루어졌다하여 일명, 경주보(慶州譜)라 이름 지었다. 이어 순조32년(1832)에는 여섯 번째로「임진보(壬辰譜)」를 중간(重刊)하였는데, 여기에는 진성인 이언순(李彦淳)이 서문을 썼다.

1874년(고종11) 갑술중하(甲戌仲夏)에는 7차로「갑술보(甲戌譜)」를 편찬하였으며, 여기에는 여흥민씨 민영위(閔泳緯)가 서문을 썼다. 8번째로 편찬된 것이 1904년(고종41) 갑진(甲辰) 3월에 편찬된「갑진대보(甲辰大譜)」이며, 후손 익현(益鉉)이 서문을 썼다. 순종1년(1907)에는 9번째로 광산인 김학수(金鶴洙)로부터 서문을 받은「정미보(丁未譜)」가 간행되었는데, 이것이 조선시대에 편찬된 경주최씨의 마지막 족보이다.

이렇게 하여 조선시대에 편찬된 경주최씨 족보 역사는 1734년(영조10)의 갑인보(甲寅譜)에서 시작하여 조선조 말까지 모두 9차례의 편찬 역사를 보였다.

민족정신이 억압당하고 우리의 고유문화가 짓밟힌 일제강점기하에서도 선조들의 숭조애족(崇祖愛族)의 정신은 멈

추지 않았다. 일제강점기인 1917년 정사(丁巳) 여름에 경주 낭산서원(狼山書院)에서 10번째로「정사보17권(丁巳譜十七卷)」을 편찬하였으며, 일명「낭산보(狼山譜)」로 칭한다. 1921년 신유 여름에는 광주노씨 노상직(盧相稷)이 서문을 쓴「신유대동보(辛酉大同譜)」전33권을 편찬하였는데, 대구의 인쇄소에서 발간하였다 하여 일명「대구보(大邱譜)」라고도 한다. 차수로는 11차 편찬이다.

이어 1927년(정묘) 봄에는 12차로 안동권씨 권익상(權益相)이 서문을 쓴「서악대동보(西岳大同譜)」, 일명「정묘보(丁卯譜)」를 발간하였다. 권익상 선생은 1924년(甲子)에 관가정 최청(崔淸)의 신도비명을 찬(撰)한 분이기도 하다.

국권회복 후 현재까지 보인 수보편찬(修譜編纂)의 회수는 총 6차례이다. 14차로 1963년(癸卯)에 후손 종룡(鍾龍)이 서문을 쓴「경주최씨대보(慶州崔氏大譜)」가 중간되었으며, 모송재에서 편찬작업이 이루어졌다하여 일명「중앙대보(中央大譜)」로도 칭하였다. 1969년(己酉)에는「기유대동보(己酉大同譜)」를 편찬하였는데, 여기에는 외손 류석우(柳奭佑)가 서문을 남겼다.[1]

---

[1] 외손 류석우가 서문을 쓴 기유대동보(己酉大同譜)의 편찬연도를 단기 4302년, 신라건국 2026년이라 하였으므로 이는 서기로는 1969년에 해당한다. 그러나 1982년의 신유보(辛酉譜)에서는 서기 1869년으로 표기하고 있어 이를 바로 잡는다(신유보, 1982, p.6).

1982년(辛酉) 16차 편찬의 「경주최씨대보(전15권)」에 이어 1998년(戊寅)에 드디어 경주최씨대동보편찬위원회가 18차로 「경주최씨대동보 권1~10(慶州崔氏大同譜, 卷一~卷十)」을 편찬하였다. 여기에는 후손 종본(鍾本)이 서문을 남겼는데, 창씨(創氏) 이래 수록범위와 내용이 가장 풍부하고 방대한 대보(大譜)를 완성한 것이다. 그리고 정유시창보 이전에 갑인보(甲寅譜)와 갑신보(甲申譜)가 있었다는 사실을 처음으로 알린 것은 무인보(戊寅譜)의 주목할 부분이다.[2]

2006년에는 다시 「경주최씨총대종회대동보 12권(慶州崔氏總大宗會大同譜 十二卷)」이 발행되었느며, 후손 동필(東弼)이 서문을 남겼다. 이것이 현재로는 가장 최근의 경주최씨 보책이다.

이상의 경주최씨 족보편찬의 연혁(沿革)을 차수와 연대별로 재정리하면, 〈표 2〉와 같다.

---

[2] 갑신보(甲申譜, 1764)의 서문 일부를 전재(轉載)하면 다음과 같다.
"不傳世譜可勝惜… 敢發微八域放搜 十數年考俱成一册譜廣其頒 噫後之繼修者 以此爲據… 惟竢 博考 君子云爾" – 甲申譜(1764), 후손 揆宅 서문 일부.

〈표 2〉 경주최씨 族譜 편찬의 沿革

편찬회수	편찬연도	족보명칭	서문	출처
1차	1734년(영조10)	「甲寅譜」, 일명 「始創初譜」	-	대동보(1998)
2차	1764년(영조40)	「甲申譜」	후손 揆宅 서문	대동보(1998)
3차	1777년(정조원년)	「丁酉始創譜」	후손 公伋 서문	신유보(1982)
4차	1805년(순조5)	「乙丑譜」	후손 公漢(공한) 서문	파보(1978)
5차	1817년(순조17)	「丁丑譜」, 일명 「慶州崔氏世譜」	은진인 宋穉圭 서문	파보(1978)
6차	1832년(순조32)	「壬辰譜」	진성인 李彦淳 서문	파보(1978)
7차	1874년(고종11)	「甲戌譜」	영흥인 閔泳緯 서문	파보(1978)
8차	1904년(고종41)	「甲辰大譜」	후손 益鉉 서문	-
9차	1907년(순종1)	「丁未譜」	광산인 金鶴洙 서문	파보(1978)
10차	1917년(丁巳)	「丁巳譜」 17권, 일명 「狼山譜」	-	정기총회보(2011)
11차	1921년(辛酉)	「辛酉大同譜」, 33권, 일명 「大邱譜」	광주인 盧相稷 서문	대구보(1921)
12차	1927년(丁卯)	「西岳大同譜」, 일명 「丁卯大同譜」	안동인 權益相 서문	신유보(1982)
13차	1935년(乙亥)	「乙亥譜」	후손 鍾海 서문	신유보(1982)
14차	1963년(癸卯)	「慶州崔氏大譜」, 일명 「中央大譜」	후손 鍾龍 서문	파보(1978)
15차	1969년(己酉)	「己酉大同譜」	외손 柳奭佑 서문	신유보(1982)
16차	1982년(辛酉)	「慶州崔氏大譜(全十五卷)」, 일명 「辛酉譜」	후손 敦息 서문	신유보(1982)
17차	1997년(丁丑)	「慶州崔氏大同譜(全12卷)」, 일명 「安東譜」	후손 甲模 서문	신유보(1982)
18차	1998년(戊寅)	「慶州崔氏大同譜(卷1~卷十)」	후손 鍾本 서문	대동보(1998)
19차	2006년(丙戌)	「慶州崔氏大同譜, 12卷」	후손 東弼 서문	정기총회보(2011)
파보	1837년(丁丑)	「忠毅公派譜, 3卷」	18세 몽양(蒙亮)계	파보(1837)
파보	1959년(己亥)	「觀稼亭派譜, 1卷」	서울刊	파보(1959)
파보	1978년(戊午)	「慶州崔氏觀稼亭公派世譜(卷1~卷六)」	후손 鍾洙 서문	파보(1978)
파보	1957년(丁酉)	「泗川公派致龍系家乘譜(치용계), 1卷」	후손 柄九	파보(1957)
파보	1991년(辛未)	「參判公派譜, 1卷」	후손 東弼 서문	파보(1991)
영사보	1994년(甲戌)	「慶州崔氏觀稼亭公派世永思譜」	후손 壽然 서문	영사보(1994)

주 : 경주최씨의 족보(族譜) 창시를 조선 정조 원년, 1777년(丁酉)에 있었다 하여 그것을 「정유시창보(丁酉始創譜)」라 하였다. 그러나 그 이전 영조10년(1734)년에 편찬된 갑인보(甲寅譜)가 있으며, 이어 영조40년(1764)에는 갑신보(甲申譜)가 편찬되었다. 정유시창보는 이전에 편찬된 두 족보의 존재를 찾지 못하고 있었던 것이 분명하다. 그러므로 경주최씨 최초의 족보편찬을 「丁酉始創譜」로 알고 있는 것은 맞지 않는 내용이다. 오히려 그 43년 전에 편찬된 1734년(영조10)의 「甲寅譜」를 창시보로 보는 것이 맞을 것이다.
자료 : 경주최씨 대동보(1998) 권1, 경주최씨 관가정공파 세보 권1(1978). 경주최씨 관가정공파 대종회, 제54차 정기총회 자료, 2011.

2. 경주최씨의 계파(系派)와 지파(支派)

1) 경주최씨의 계파(系派)

문창후 고운 최치원(文昌候孤雲崔致遠)을 시조로 하는 경주최씨는 후대로 내려오면서 여러 계파(系派)와 지파(支派)로 나누어져 각자 독립된 종문(宗門)을 이루어 발전해 나가고 있다.

이러한 것은 경주최씨 전체로 보면, 분파(分派)나 분열(分裂)이 아닌 더 큰 발전을 위한 세력의 확장현상(擴張現狀)이라 할 것이다. 관련 자료를 종합하면, 경주최씨의 계파 수는 총 26개, 지파 수는 총 103개로 밝혀진다.

〈표 3〉에 의하면, 가장 오래된 계파는 신라말과 고려초에 문신을 지낸 문영공(文英公) 언위(彦撝)를 중시조로 하는 계파로서 그의 3세손 고려문하시중 절의공 항(節義公 沆)을 파조로 하는 절의공항파(節義公沆派)이다. 그러나 엄밀히 따지면, 이 파는 본(本)이 경주인 것은 맞지만 절의공 항(沆)을 경주최씨 시조 고운 최치원의 후손이라고는 볼 수 없다는 견해가 있다. 경주최씨 관가정공파 세보(1978)에서 언위계(彦撝系)는 그의 16세손 형(絅)으로서 끝나며, 그 이하 후계에 대해서는 기록이 없는 것을 보면, 이 계통이 고운의 후

손에서 갈라진 계파가 아니라는 사실을 말해준다.

경주최씨 상고사에 의하면, 언위(彦撝)는 상계 소벌도리(蘇伐都利) 공 22세 계양현(桂陽賢)의 아들이다. 같은 22세 계양성(桂陽聖)을 조부로 하는 최치원과는 숙질간으로, 조부 대에서 이미 갈라졌다(海東汎崔氏通史, 1989).

따라서 고운 최치원을 시조로 하는 경주최씨의 진정한 계파(系派)는 고운시조 3세손 승로(承老)의 후예들이 이룬 3개 계파로부터 시작된다고 보아야 할 것이다.

맨 처음이 승로의 후예 보문각 학사 림(琳)을 파조로 하는 학사공 림파(學士公 琳派)이다. 두 번째가 진사 종저(宗柢)를 파조로 하는 진사공 종저파(進士公 宗柢派)이며, 세 번째가 승로의 차손 주(周)를 파조로 하는 청성후 주파(淸城侯 周派)이다. 림(琳)파와 종저(宗柢)파를 승로의 후예(後裔)로 보는 것은 족보에 의하면, 승로의 아들로 숙(肅)과 의(儀) 두 아들 외에 방언(邦彦), 림(琳), 종저(宗柢) 3인을 싣고 있는데, 이는 구보(舊譜)에서부터 전해온 것으로, 이로부터 문정공(文貞公)의 후예로 하였다는 기록에 근거한다.

8세 영흥백 지미파(永興伯 之美派)는 다음과 같은 최청(崔淸)에 얽힌 사연이 있다. "관가정 최청(崔淸)이 두문동에서 나와 지낼 때에 태조 이성계의 청을 거절했다하여 몇 번이나 죽을 고비를 당했는데, 그때마다 공의 목숨을 구해준 이가 바로 지미파 파조 영흥백(永興伯)의 증손녀 의혜왕후(懿惠王后)였다"는 것이다.

의혜왕후는 경주최씨로 최청과는 11세 동열(同列)이며, 영흥백의 손자 10세 한기(閑奇)의 차녀이다. 최한기는 조선 개국공신으로 태조로부터 영흥부원군(永興府院君) 시호를 받았으며 그의 딸을 태조의 아버지 환조(桓祖) 이자춘과 연을 맺게 하였는데, 이 분이 바로 태조 이성계의 어머니다. 그는 아들 이성계에게 "최청(崔淸)의 목숨을 함부로 대하지 않도록 명하여 최청(崔淸)의 목숨을 끝까지 보호했다"는 일화가 전한다(최낙영, 앞책).

계파 수가 가장 많은 대수는 9세, 11세 및 12세인 것으로 나타나며, 4세 숙(肅)의 계통과 9세 유경(有慶)계통이 여기에 해당한다. 관가정공 청파, 좌윤공 해운파, 판서공 강파, 판서공 진파, 상서공 연파 등은 모두 유경(有慶)의 계파이다.

이상의 26개 계파(系派) 가운데서 대표적인 몇 개의 계파에 대해서 내용을 좀 더 살펴보기로 한다.

먼저, 관가정공 청파(觀稼亭公 淸派)이다. 이 계파는 간단히「관가정공파((觀稼亭公派)」라고도 하는데, 10세 자운(子雲)의 장자 관가정공 청(淸)을 파조로 하는 계파이다. 고운

시조로부터 계속해서 장자로 이어지는 고운 최치원시조의 직계(直系)이며, 가장 맏이인 맏파이다. 그리고 무려 38개 지파(支派)를 아래에 두고 있는 경주최씨 계파 가운데서 가장 큰 대파(大派)이다. 청(淸)의 후손 18세 몽량(夢亮)은 정묘호란 의주전투에서 순절하여 원종공신에 책록되었다.

다음은 12세 사성공 예(汭)를 파조로 하는 사성공파(司成公派)이다. 사성공파의 후손으로는 정유재란 서생포전투(西生浦戰鬪)에서 결사 항전한 19세 정무공 진립(震立)을 빼놓을 수 없다. 또, 진립의 9세손 수운 최제우(水雲 崔濟愚)는 동학의 창시자로 유명하다. 현대로 내려오면서 경남 산청(山淸)에 터를 잡은 사성공파의 후예로는 초대 과기처장관을 지낸 최형섭(崔亨燮)을 들 수 있다.

세 번째는 화숙공파(和淑公派)로서, 한말에 일본과 체결한 을사조약(乙巳條約)의 부당함을 외치고 의병을 일으켜 일본군과 싸우다가 대마도에서 단식(斷食)으로 목숨을 끊은 면암 최익현(崔益鉉)을 배출한 계파이기도 하다. 4세 숙(肅)의 후예 9세 시중광중대부 화숙공 현우(玄祐)를 파조로 한다.

네 번째는 광정공파(匡靖公派)로, 파조는 12세 단(鄲)이다. 조선 개국공신이며, 그의 후손 동보(東輔)는 선조25년 임진왜란 때에 대구, 연천지역에서 의병을 일으켜 전공을 세우고 난중일기를 적어 후세에 남겼다.

 다섯 번째가 정랑공파(正郎公派)이다. 파조는 12세 정랑공 호(灝)로, 4세 숙(肅)의 후예이다. 공양왕시대에 문과급제 후 참판을 지낸 11세 홍재(弘載)의 장자이며, 조선 태종시대에 뛰어난 학자였다. 그의 손자 경지(敬止) 또한 세조6년 별시문과 장원을 하였으며, 세종, 예종, 성종의 3대에 걸쳐 당상관 벼슬을 하였다.

 여섯 번째로 충렬공파(忠烈公派)는 9세 광위(光位)를 파조로 한다. 5세 제안의 차자 문훈(文勳)의 증손이다. 벼슬이 벽상삼중을 지낸 무신이었으며, 시호가 충렬(忠烈)이다. 그의 아들 손자 모두가 무관충신이었다.

 마지막으로, 문정공 해파(文正公 瀣派)이다. 해(瀣)는 충선왕(1308~1313) 경술(庚戌)년에 원(元)에 입국하여 원나라 제과(制科)³⁾ 장원으로 입격(入格)한 후 고려에 귀국하여 검교정승과 성균관 대사성을 지내고 충혜왕으로부터 문정공(文正公) 시호를 받았다. 해파(瀣派)는 12세 문정공 해(瀣)를 파조로 하며, 멀리는 3세 승로(承老)의 후예 종저(宗祇)의 후손이다.

 이 밖에도 여러 계파와 후손들의 활약이 있으나 여기에서 이를 다 들 수는 없으므로 자세한 것은 〈표 3〉의 경주최씨 계파 현황 자료를 통해 내용을 파악하도록 한다.

〈표 3〉 경주최씨의 系派 現況
(세대순)

	계파명	파조명	비고
1	節義公沆派(절의공항파)	彦撝의 3세 문하시중 절의공 항(沆)을 파조로 함.	彦撝의 후손
2	學士公琳派(학사공임파)	4세 보문각학사 임(琳)을 파조로 함.	承老의 후예
3	進士公祗派(진사공종저파)	4세 고려진사 종저(宗祗)를 파조로 함.	承老의 후예
4	淸城侯周派(청성후주파)	5세 청성후 주(周)를 파조로 함.	承老의 손자
5	文順公渙派(문순공환파)	6세 주부 문순공 환(渙)을 파조로 함.	承老의 후예
6	侍中公尙勳派(시중공상훈파)	6세 문하시중 상훈(尙勳)을 파조로 함.	齊顔의 三子
7	侍中公文勳派(시중공문훈파)	6세 문하시중 문훈(文勳)을 파조로 함.	齊顔의 次子
8	牧使公得龍派(목사공득룡파)	7세 양주목사 득룡(得龍)을 파조로 함.	斯直의 三子
9	東城君宗楡派(동성군종유파)	7세 학사 동성군 종유(宗楡)를 파조로 함.	適立의 장자
10	永興伯之美派(영흥백지미파)	8세 영흥백 지미(之美)을 파조로 함.	宗識의 子
11	鷄林君倬派(계림군탁파)	8세 계림군 탁(倬)을 파조로 함.	玄進의 三子
12	和叔公玄祐派(화숙공현우파)	9세 시중광중대부 화숙공 현우(玄祐)를 파조로 함.	譪의 장자
13	密直公光祐派(밀직공광우파)	9세 밀직공 광우(光祐)를 파조로 함.	譪의 次子
14	忠烈公光位派(충렬공광위파)	9세 삼중대광내사령상장군 충렬공 광위(光位)를 파조로 함.	士亨의 子
15	文密公堤派(문밀공제파)	9세 문밀공 제(堤)를 파조로 함.	仁祉의 次子
16	吉城君有井派(길성군유정파)	10세 길성군 유정(有井)을 파조로 함.	安俊의 장자
17	左尹公海雲派(좌윤공해운파)	10세 삼사좌윤 해운(海雲)을 파조로 함.	有慶의 三子
18	觀稼亭公淸派(관가정공청파)	11세 관가정공 청(淸)을 파조로 함.	子雲의 장자
19	判書公江派(판서공강파)	11세 판서 강(江)을 파조로 함.	子雲의 次子
20	判書公津派(판서공진파)	11세 판도전서 진(津)을 파조로 함.	崙雲의 次子
21	尙書公淵派(상서공연파)	11세 상서공 연(淵)을 파조로 함.	崙雲의 三子
22	正郞公灝派(정랑공호파)	12세 정랑공 호(灝)를 파조로 함.	弘載의 장자
23	匡靖公鄲派(광정공단파)	12세 고려개국공신 광정공 단(鄲)을 파조로 함.	崙雲의 손자
24	司成公沘派(사성공예파)	12세 사성공 예(沘)를 파조로 함.	弘載의 次子
25	松塢公漢派(송조공한파)	12세 송조공 한(漢)을 파조로 함.	홍재의 三子
26	文正公瀣派(문정공해파)	12세 문정공 해(瀣)를 파조로 함.	伯倫의 장자

자료 : 경주최씨 관가정공파 세보 권1, 1978. 경주최씨 대동보, 권1, 1982(辛酉). 한국보학연구회, 海東汎崔氏通史, 1989.

3) 제과(制科)란 중국의 당(唐)대부터 내려온 과거제도로, 국왕이 직접 주관한 과거였으며 원(元)나라에서도 이를 이어받아 실시하였다.

2) 경주최씨 계파별 지파(支派) 현황

관향(貫鄕), 곧 본관(本貫)을 같이하는 하나의 성씨(姓氏)에서 갈라져 나온 자손의 계통을 계파(系派)라 한다면, 다시 하나의 계파를 중심으로 하여 또 다시 여러 갈래로 계통이 분파되어 소규모 성씨 집단을 이루어 나가는 것이 지파(支派)이다.

다시 말해, 한분의 파조(派祖)를 중심으로 하여 그 아래 또 다른 후손들로 이루어지는 동족집단이 지파이다. 지파는 지파의 조종(祖宗)을 받들고 지파 구성원간의 단합을 도모하는 도덕적 전승을 기본 기능으로 한다(이수건, 한국의 성씨와 족보, 서울대출판부, 2015).

그리고 이 지파 아래에는 또 가까운 친족단위로 모여 동일 혈족과 가통을 이어가는 더 작은 친족 집단이 형성되는데, 이것을 문중(門中)이라 한다.

이렇게 보면, 하나의 성씨집단은 본관을 정점(頂點)에 두고, 그 아래로「계파-지파-문중」이라고 하는 집단 체계를 통하여 종족의 계통을 영원히 어어 가고자 하며, 이것이 집단 본능이기도 하다.

본관(本貫)은 하나의 성씨집단이 소속감을 확실히 하는 성씨집단의 상위체계로 존재하는 정신적 상징이다. 그 아래에서 파생되는 계파와 지파 및 문중은 다시 특정의 성씨집단 전체의 유지를 위해서 각자의 기능과 역할을 분담해 나가는 소집단에 해당한다.

그러므로 종족수가 많은 대성(大姓)의 경우에는 그 아래에 계파, 지파 및 문중의 수가 상대적으로 풍부하며, 그 반대의 경우는 적게 나타난다. 이러한 것은 어느 사회집단에서도 볼 수 있는 지극히 자연스러운 현상이라 할 것이다.

예를 들어, 경주최씨 가운데서 관가정공파의 지파 수가 가장 많고 또 이 지파가 전국적으로 가장 크게 뻗어나 있는데, 이러한 것은 모두 서로 자기집안 조상만을 위한 분파주의(分派主義)에서 비롯된 것이라기보다는 파속(派屬)의 자연적인 분화현상으로 이해하는 것이 바람직할 것이다.

이러한 시각에서 1982년판「경주최씨 대동보 권1」과「경주최씨 관가정공파 세보 권1(1978), 경주최씨 관가정공파 영사보(1994)」및 경주최씨 관가정공파 대종회가 발행하는 「최치원기념관, 제3호(2019.11)」등의 자료를 각각 참고하여 정리한 것이 〈표 4〉와 〈표 5〉의 경주최씨 개파별 지파현황이다.

〈표 4〉에 의하면, 26개 계파의 총 지파 수는 103개에 달한다. 이중 11세 관가정공 청(淸)을 파조로 하는 관가정공청파

(觀稼亭公淸派)의 지파 수가 총 38개로 가장 많다. 관가정공청파는 관가정공(觀稼亭公)의 「장자 연지(淵止) – 장손 경동(敬仝) – 증손 계종(繼宗)」으로 이어지며, 현재는 「경주최씨 관가정공파 대종회(慶州崔氏觀稼亭公派 大宗會)」로 명칭과 조직을 정비하여 전국의 지파를 관리해 나가고 있다. 그리고 1년에 한 차례 정기적으로 경기도 양주에서 파조 관가정공 최청(崔淸)을 추모하는 향사(享祀)를 주관한다.

〈표 4〉 경주최씨의 계파별 지파(支派) 수

파명	지파수	파명	지파수
1 判書公江派(판서공강파)	3	14 東城君宗楡派(동성군종수파)	1
2 匡靖公鄲派(광정공단파)	7	15 文正公瀣派(문정공해파)	1
3 判書公津派(판서공진파)	3	16 永興伯之美派(영흥백지미파)	2
4 尙書公淵派(상서공연파)	1	17 牧使公得龍派(목사공득룡파)	1
5 左尹公海雲派(좌윤공해운파)	5	18 和叔公玄祐派(화숙공현우파)	7
6 吉城君有井派(길성군유정파)	3	19 密直公光祐派(밀직공광우파)	1
7 鷄林君倬派(계림군탁파)	3	20 文順公渙派(문순공환파)	9
8 侍中公尙勳派(시중공상훈파)	1	21 學士公琳派(학사공임파)	1
9 忠烈公光位派(충렬공광위파)	1	22 進士公宗祇派(진사공종저파)	1
10 正郞公灝派(정랑공호파)	3	23 侍中公文勳派(시중공문훈파)	1
11 司成公汭派(사성공예파)	5	24 節義公沆派(절의공항파)	2
12 松擣公漢派(송조공한파)	1	25 淸城侯周派(청성후주파)	1
13 文密公堤派(문밀공제파)	1	26 觀稼亭公淸派(관가정공청파)	38
		계	103

주 : 1) 지파(支派) 수의 순위는 관가정공청파 – 문순공환파 – 화숙공현우파 – 광정공단파 – 사성공예파 – 좌윤공해운파의 순으로 나타난다.
　　2) 1派 1支派로 되어 있는 계파 수도 13개 계파에 달한다.
자료 : 경주최씨 대동보편찬위원회, 경주최씨 대동보 卷一, 1982(辛酉), pp.1~356.

〈표 5〉 경주최씨 관가정공파의 지파(支派) 현황

지파명(支派名)	파조명(派祖名)	분포지역
1 觀稼亭公淸派(관가정공청파)	11세 관가정공 청(淸)을 파조로 하며, 간단히 「관가정공파(觀稼亭公派)」로도 부름.	장자 연지(淵止)의 장손 경동(敬孫)으로 이어짐
2 承旨公信止派(승지공신지파)	12세 승지 신지(淸의 次子)를 파조로 함.	경기 이천, 충남 아산
3 典書公儉止派(전서공검지파)	12세 전서 검지(淸의 三子)를 파조로 함.	경북 청도, 창원, 서울
4 司直公漢止派(사직공한지파)	12세 사직 한지(淸의 四子)를 파조로 함.	경남 남해, 진주, 하동
5 副司公敬誠派(부사공경성파)	13세 성위장군 부사공 경성을 파조로 함. (淸의 장자 淵止의 셋째 아들 敬誠계)	경남 남해, 하동, 서울
6 叅判公光門派(참판공광문파)	14세 호조참판 광문을 파조로 함. (淸의 증손, 敬忠의 장자)	경기 양주
7 桃村公敬義派(도촌공경의파)	3세 도촌공 경의를 파조로 함. (淸의 장자 淵止의 넷째 아들 敬儀계)	경북 예천, 상주
8 德山公興門派(덕산공흥문파)	14세 덕산군수 흥문을 파조로 함. (淸의 4세손, 敬忠의 넷째 아들)	경기 인천, 강원 홍천
9 泗川公崇門派(사천공숭문파)	14세 사천현감 숭문(崇門)을 파조로 함. (淸의 4세손, 敬忠의 둘째 아들)	경북 구미, 봉화, 의성, 경남 사천, 거창, 함양
10 野児公應壁派(야수공응벽파)	15세 야수공 응벽(應壁)을 파조로 함. (淸의 직계 5세손 敬순계)	경기, 서울 일원, 경북 구미, 선산, 청도
11 南溪公涏派(남계공정파)	15세 남계공 정(涏)을 파조로 함. (淸의 5세손, 13세 敬忠계)	경북 경주, 군위, 청송, 부산
12 進士公包派(진사공포파)	15세 성균진사 포(包)를 파조로 함. (淸의 5세손, 14세 윤문의 장자, 敬忠계)	경북 경주, 군위, 경남 의령, 사천, 거제, 마산
13 學生公河派(학생공하파)	15세 진사 하(河)를 파조로 함. (淸의 5세손이며 包의 첫째 동생, 敬忠계)	경북 경산
14 梅谷公淑淨派(매곡공숙정파)	15세 매곡공 숙정(淑淨)을 파조로 함. (淸의 5세손이며 包의 셋째 동생, 敬忠계)	전남 목포, 충북 단양, 예천
15 學生公浚派(학생공준파)	15세 준(浚)을 파조로 함. (淸의 5세손, 13세 敬忠계)	강원 명주, 서울
16 學生公漳派(학생공장파)	15세 장(漳)을 파조로 함. (淸의 5세손, 13세 敬忠계)	충북 괴산, 경남 울산

지파명(支派名)	파조명(派祖名)	분포지역
17 府公龍世派(부공용세파)	16세 증한성부윤 용세(龍世)를 파조로 함. (淸의 6세손, 13세 敬忠계)	충남 청주
18 正郞公觀世派(정랑공관세파)	16세 호조정랑 관세(觀世)를 파조로 함. (淸의 6세손, 13세 敬忠계)	경북 의성, 안동
19 判官公永世派(판관공영세파)	16세 훈련원 판관 영세(永世)를 파조로 함. (淸의 6세손, 13세 敬忠계)	충북 제천, 경남 의령
20 縣監公寬世派(현감공관세파)	16세 지례현감 관세(寬世)를 파조로 함. (淸의 6세손, 13세 敬忠계)	경북 군위, 울주, 청송
21 參奉公允世派(참봉공윤세파)	16세 참봉 윤세(允世)를 파조로 함. (淸의 6세손, 13세 敬忠계)	경북 의성, 강원 홍천, 인제
22 參奉公範世派(참봉공범세파)	16세 경기전참봉 범세(範世)를 파조로 함. (淸의 6세손, 13세 敬忠계)	경북 의성, 강원 홍천, 인제
23 參奉公碩派(참봉공석파)	17세 참봉 석(碩)을 파조로 함. (淸의 7세손, 13세 敬忠계)	경북 상주, 경기 양주
24 通德郞公碭派(통덕랑공탕파)	17세 통덕랑 탕(碭)을 파조로 함. (淸의 7세손, 13세 敬忠계)	충남 홍성, 당진, 공주, 보령
25 參議公碏派(참의공작파)	17세 호조참의 작(碏)을 파조로 함. (淸의 7세손, 13세 敬忠계)	충남 홍성, 당진, 공주, 보령
26 學士公磻派(학사공번파)	17세 학사 번(磻)을 파조로 함. (淸의 7세손, 13세 敬忠계)	경기 양주
27 參判公碓派(참판공대파)	17세 이조참판 대(碓)를 파조로 함. (淸의 7세손, 13세 敬忠계)	경기 이천
28 正郞公䃡派(정랑공복파)	안세의 7자 이조정랑 17세 복(䃡)을 파조로 함.	경기 양주, 판동
29 嘉善公碁派(가선공기파)	안세의 8자 가선대부 17세 기(碁)를 파조로 함.	경기 양주, 판동
30 承旨公夢尹派(승지공몽윤파)	18세 좌승지 충의공 몽양(夢亮)을 파조로 함. (淸의 8세손, 13세 敬忠계)	충남 공주, 홍천, 부여, 서울, 경기 양주
31 承旨公夢說派(승지공몽열파)	18세 좌승지 몽열(夢說)을 파조로 함. (淸의 8세손, 13세 敬忠계)	경기 양주, 용인, 양평, 충남 서산, 충북 음성
32 忠毅公夢亮派(충의공몽양파)	18세 좌승지 충의공 몽양(夢亮)을 파조로 함. (淸의 8세손, 13세 敬忠계)	경기 이천, 시흥, 양주 경북 울진, 충남 서산

지파명(支派名)	파조명(派祖名)	분포지역
33 佐郎公夢弼派(좌랑공몽필파)	18세 좌랑 몽필(夢弼)을 파조로 함. (清의 8세손, 13세 敬忠계)	충북 괴산, 부산
34 文毅公夢稷派(문의공몽직파)	18세 사과 몽설(夢稷)를 파조로 함. (清의 8세손, 13세 敬忠계)	강원 영월, 경기 가평
35 承旨公夢卨派(승지공몽설파)	18세 처사 몽용(夢卨)을 파조로 함. (清의 8세손, 13세 敬忠계)	충남 예산, 천안 경기 여주, 이천
36 司果公夢箕派(사과공몽기파)	18세 사과 몽설(夢箕)를 파조로 함. (清의 8세손, 13세 敬忠계)	충남 대덕, 음성 경기 양주
37 處士公夢龍派(처사공몽룡파)	18세 처사 몽룡(夢龍)을 파조로 함. (清의 8세손, 13세 敬忠계)	강원도 춘천, 횡성 충남 서산
38 叅奉公夢敬派(참봉공몽경파)	18세 참봉 몽경(夢敬)을 파조로 함.	경기도 이천

주 : 1) 관가정공파의 지파(支派) 수는 총 38지파이다.
　　2) 지파(支派) 수가 가장 많은 세대(世代)는 15세, 16세, 17세 및 18세 순이며, 이 가운데서 13세 敬忠계가
　　　 가장 많은 지파를 가지고 있다.

자료 : 경주최씨 관가정공파 세보, 권1, 1978.
　　　경주최씨 관가정공파 영사보, 1994.
　　　최치원 기념관, 제3호, 2019.11.2.
　　　관가정공파 대종회, 경주최씨 관가정공파 분파도, 2021.

3. 경주최씨 족보상의 관가정 최청(崔淸)

1) 고운시조 직계 11세손

관가정공 최청(崔淸)은 경주최씨 시조 고운 최치원(崔致遠) 선생의 직계 11세손이다. 조부는 9세 유경(有慶)으로 아래에 자운(子雲), 수운(峀雲), 해운(海雲)의 세 아들을 두었는데, 청(淸)은 유경의 장자 자운(子雲)의 첫째 아들이다. 둘째는 강(江)으로, 후에 별도로 분파해 판서공강파(判書公江派)를 만들었다.

경주최씨 관가정공파 세보 권1(1978)에 의하면, 경주최씨 11세손의 수는 관가정공 청(淸)을 비롯하여 모두 40여 명으로 나타난다. 이 가운데는 청(淸)으로 이어지는 주손 계통이 14명, 4세 숙(肅)의 후예와 5세 선지(善之)계통을 합쳐서 10명, 3세 승로(承老)의 후예와 4세 방언(邦彦), 임(琳) 및 종저(宗柢)계통을 합쳐 14명, 기타 계통이 2명으로 각각 파악된다.

청(淸)은 시조 1세에서 시작하여 「2세 은함(殷含) - 3세 승로(承老) - 4세 숙(肅) - 5세 제안(齊顔) - 6세 계훈(繼勳) - 7세 현배(玄培) - 8세 습(隰) - 9세 유경(有慶) - 10세 자운(子雲) - 11세 청(淸)」으로 이어지는 경주최씨 고운시조의 주손(胄孫)이다. 이 계통은 다시 청(淸)의 장자 12세 연지(淵止)에서 시작하여「13세 경동(敬仝) – 14세 계종(繼宗) – 15세 응벽(應壁)」으로 연결되며, 그 아래의 전체 지파를 아우르는 경주최씨의 맏자손 역할을 4백년 이상 유지해 오고 있다.

2) 경주최씨 관가정공파의 파조

관가정공 청(淸)은 경주최씨의 26개 계파(系派) 가운데서 고운 최치원을 시조로 하는 경주최씨 관가정공 청파(慶州崔氏 觀稼亭公 淸派)의 파조이다. 족보에는「순공공 제안 6세손 관가정공 청파(順恭公 齊顔 六世孫 觀稼亭公 淸派)」라는 긴 이름으로 기록하고 있다. 그러나 각 계파와 지파를 같이 묶어 정리한 또 한 자료에서는 간단히「관가정공파(觀稼亭公派)」로도 표기하고 있다(경주최씨 관가정공파 세보, 권1, 1978).

관가정공파의 탄생은 크게 두 가지 점에서 그 의미를 찾을 수 있다. 하나는 시조11세 관가정공 청(淸)을 파조로 하는 관가정공파(觀稼亭公派)는 고운 최치원 시조로부터 면면히 이어져 오는 경주최씨의 적통(嫡統)을 계승하고 있는 점이다. 이전에 이미 시조4세 종저(宗袛)를 파조로 하는 진사공 종저파(進士公宗袛派)에서 시작하여 10세 해운(海雲)을 파조로 하는 좌윤공해운파(左尹公海雲派)까지 무려 20여파가 출현하였으나 모두 주손계통의 직파(直派)가 아닌 후예나 차·지손계통이 이룬 계파였다.

대표적으로 경주최씨의 대파 중 하나인 화숙공파(和淑公派)는 9세 현우(玄祐)의 시호 화숙공(和淑公)의 이름을 딴 계파이며, 사성공파(司成公派)는 12세 사성공 예(司成公 汭)를 파조로 한다. 두 계파 모두 선대가 4세 숙(肅)의 후예이다.

족보에 따르면, 숙(肅)은 시조의 직계 4세손으로, 아래에 아들 제안(齊顔)이 있었으며, 또 하나의 아들로 선지(善之)를 두었는데, 이 분이 바로 숙(肅)의 후예이다. 선지의 세 아들 가운데 장자 6세 적손(適孫)계가 사성공파이며, 셋째 아들 6세 사직(斯直)계는 화숙공파(和淑公派)로 갈라졌다. 시중공 상훈파(侍中公 尙勳派)와 시중공 문훈파(侍中公 文勳派) 역시 5세 제안(齊顔)의 2, 3자를 각각 파조로 하는 계파이다. 8세 습(隰)의 독자가 유경(有慶)이며, 이 분의 세 아들 중 장자 10세 자운(子雲)이 관가정공 청(淸)을 낳아 경주최씨 관가정공파를 이루게 하였다.

이상의 논의를 종합하면, 결국 10세 자운(子雲)의 장자 관가정공 청(淸)에 이르러서 비로소 그 윗대와 아래로 계통을 바르게 연결하는 계파로 탄생한 것이 관가정공파(觀稼亭公

派)인 것을 알 수 있다.

이러한 점에서 관가정공파는 경주최씨 전체를 대표하는 계파라 하여도 틀리지 않으므로 그의 역할과 책임이 한층 무겁다 할 것이다.

3) 강직한 충의정신을 깨우친 선비의 표상

고운 최치원 시조는 신라 말엽 혼란한 신라정국의 수습을 위하여 임금에게 시무십여조(時務十余條)를 올려 시국수습책을 논하였다. 그러나 이의 시행을 보지 못하자 서슴없이 관직에서 물러나 가야산으로 입산하여 백이숙제(伯夷叔齊)의 길로 일생을 마쳤다. 경남 가야산 합천해인사(陜川海印寺)와 홍류동(紅流洞) 계곡에는 천 년 전 이곳에서 청절지사(淸節之士)로 생을 마감한 고운의 흔적이 그대로 남아 있다(최정윤, 고운 최치원, 해암출판, 2018).

이와 같은 조상의 정신을 그대로 이어 받아 태조 이성계의 조선건국에 대항하면서 고려왕조를 끝까지 지킨 분이 관가정 최청(崔淸)이었다. 그는 망국의 고려를 한탄하면서 목은 이색(李穡), 야은 길재(吉再) 등 제현과 함께 만수산 두문동에서 숨어 지낼 때에 태조 이성계로부터 수차례 신조(新朝)에 참여할 것을 부탁받았으나 끝까지 사양하고 두문동 72

현으로 남아 일생을 마쳤다.

 공(公)이 말했듯이 "한 때를 굽히면 백세를 누린다(屈於一時而 伸於百世於)"는 세속의 이치를 공(公)이 모를 리 없었다. 그러나 공(公)은 오로지 충(忠)으로 나라의 재앙을 막고, 의(義)로써 한 임금을 섬기는 수절불이(守節不貳)의 정신을 끝까지 지켰다. 공(公)이야 말로 목숨을 바쳐 충(忠)과 절(節), 의(義) 세 정신을 모두 실천한 고려말 선비의 표상이었다.

 이러한 점에서 우리는 공(公)을 포함하여 3세 문정공 승로(承老), 4세 충의공(忠懿公) 숙(肅), 5세 순공공 제안(齊顔), 9세 화숙공 현우(玄祐), 충렬공 광위(光位), 12세 문정공 해(瀣)를 고려사를 빛낸 일곱 분의 인물로 받들어 마지 하는 것이다(辛酉譜, 권1, 1982).

4. 지파(支派) 사례

1) 관가정공파 거창 운정문중(雲亭門中)

 경남 거창군 거창읍 송정리 운정(雲亭)마을은 약 400년 전 18세 승지공(承旨公) 최치룡(崔致龍)이 경기도 양주 풍양으로부터 이곳에 이주하여 집성촌을 이룬 경주최씨 관가정공파 후손들의 세거지이다.

치룡(致龍)은 경주최씨 관가정공파의 지파인 사천공파(泗川公派)의 파조(派祖) 14세 사천현감 최숭문(崔崇門)의 현손(玄孫)이다.

집성촌 인근에는 거창 입향조인 최치룡의 묘소와 묘비가 서 있다. 그뿐만 아니라 후손들의 누세선영(屢世先塋)이 잘 보존되어 있다. 대표적인 것이 마을 안에 입향조가 처음 정착했던 곳에 세운 현룡재(見龍齋)이다. 이 재(齋)는 후손들과 향리의 자제들을 교육하기 위한 운정서당으로 오랫동안 운영해 왔으며, 운정서당에서 배출된 유학(幼學)들이 거창 유림에서 중요한 역할을 하였다.

또한 마을 안에는 23세 참의공(參議公) 일국(日國)을 기리기 위한 대곡재(大谷齋)와 한성공(漢城公) 진국(震國)을 기리기 위한 운강재(雲岡齋)가 있으며, 대곡재 울 안에는 거창 지역에서 가장 아름답게 지어졌다는 정자 덕산정(德山亭)이 있다. 덕산정은 28세 죽암공(竹庵公) 종명(鍾命)을 추모하기 위해 1947년에 건립한 정자이다.

재실과 정자가 있는 곳으로부터 멀지 않은 곳에는 입향조가 식수(植樹)하여 후손들이 정성껏 가꾸어 온 수령 400여

년이 넘은 반송 현룡송(見龍松)이 있다. 현룡송은 둘레가 2m가 넘으며 가지는 반경 약 20m까지 뻗어 나간 거목으로서 마을의 수호수(守護樹) 역할을 해 왔으나 안타깝게도 2003년에 태풍으로 쓰러져 지금은 그 터에 대체수(代替樹)가 심어져 있다.

이 밖에 승지공 치룡의 둘째 현손 상원(尙元)은 함양 서상으로 이주하여 또 다른 세거지를 형성한 후 가문을 부흥시켰다. 그곳의 후손들이 상원공을 추모하기 위해 통정대부상원추모제단(通政大夫尙元追慕祭壇)을 세워 매년 향사를 거행한다. 이외에도 유적들이 여러 곳에 산재(散在)되어 있으나 여기에 다 싣지 못하는 것이 유감이다.

```
11세    12    13    14    15    16    17    18    19    20
 청  - 연지 - 경충 - 숭문 - 연 - 응세 - 연천 - 치룡 - 윤남 - 경명

21세    22    23    24    25    26    27    28    29    30
계달 - 상길 - 일국 - 중택 - 두봉 - 복희 - 성기 - 종응 - 철수 - 병민
      중흥조

31세    32    33    34세   35세
정형 - 준기 - 일석 - 영현 - 인수
```

〈그림 3〉 거창 운정문중(雲亭門中) 종가 세계도

주 : ① 이름 위의 숫자는 시조 최치원에서 시작한 세대를 가리킴.
     ② ▨ 의 표시는 계통의 중요인물을 표시한 것임.
자료 : 관가정공파 운정종친회, 承旨公致龍家承譜, 2017.

이와 같이 경주최씨 관가정공파 거창 운정문중(雲亭門中)은 약 400년 전에 18세 승지공 최치룡이 당시 승정원 도승지(承政院 都承旨)로 경기도 양주 풍양에서 천리 밖 영남의 거창으로 이거한 후 명실공이 지역의 명문거족(名門巨族)으로 발전한 문중이다. 그리하여 시조 문창후 고운 선생의 학덕(學德)과 관가정공의 수절정신(守節精神)을 널리 알리면서 세계(世系)를 이어가고 있다.

거창 운정문중의 세계도(世系圖)는 〈그림 3〉과 같다. 멀리는 11세 관가정 청(淸)을 파조로 하는 경주최씨 관가정공파(慶州崔氏 觀稼亭公派)이며, 사천공숭문파(泗川公崇門派)를 지파로 하는 파속으로, 18세 승지공 치룡(承旨公 致龍)을 조종(祖宗)으로 한다.

〈그림 4〉 거창 雲亭 入鄕祖 承旨公 致龍의 墓
주소지 : 慶南 居昌郡 居昌邑 西九鎭洞 安別里
자료 : 상동.

〈그림 5〉 入鄕祖 承旨公 致龍 宗室 : 見龍齋
주소지 : 慶南 居昌郡 居昌邑 松亭里 431番地(雲亭마을內)
자료 : 상동.

〈그림 6〉 見龍松
입향조 치룡공이 400여 년 전 운정마을 정착을 기념하여 심은 소나무,
지금은 2003년도 태풍으로 인하여 소실되고 터만 남아 있음.
주소지 : 상동.   자료 : 상동.

〈그림 7〉 28세 죽암공 종명(鍾名)을 기리는 덕산정(德山亭)
주소지 : 경남 거창군 거창읍 송정리 530번지
자료 : 상동.

2) 관가정공파 사천 와티문중(臥峙門中)

관가정공파 사천 와티문중(臥峙門中)은 시조 21세손 와초공 증통정대부군자감정 덕륜(臥樵公 贈通政大夫軍資監正 德倫)을 입향조로 받드는 문중이다. 경남 사천시 곤양면 와티마을에 문중본부를 두고 있다.

경주최씨 관가정공파의 파속(派屬)이며, 지파(支派)로는 15세 진사공 포(包)를 조종으로 하는 진사공포파(進士公包派)에 속한다.

진사공포파의 보계(譜系)는 15세 포(包)를 기점으로 그 윗대는 「11세 파조 청(淸) - 12세 연지(淵止) - 13세 경충(敬

忠) - 14세 윤문(潤門) - 15세 포(包)」이며, 다시 포(包)에서 시작하여「16세 인수(麟壽) - 17세 응민(應敏) - 18세 광렬(光烈) - 19세 영지(瑛之) - 20세 윤성(允晟) - 21세 륜(倫)과 덕륜(德倫)」으로 이어진다.

와초공 덕륜(德倫)은 명종19년(1564)에 선대의 세거지 경기도 양주 풍양에서 태어났으며, 성장지는 경남 의령군 유곡면(柳谷面)이다. 임란 시 경상우도 의병장 곽재우(郭再祐) 장군의 의진(義陣)에 들어가 사천선진해전에 참전하여 군공을 세운 후에 생존하여 그 맞은편 경남 사천군 곤양면 와티포(臥峙浦)에 정착하여 경주최씨 세거지를 이루었다.

이로부터 후손들은 공(公)을 경주최씨 와티입향조로 받들고, 경주최씨 관가정공파 와티문중(慶州崔氏 觀稼亭公派 臥峙門中)을 조직하여 오늘에 이르고 있다. 문중 창립의 역사는 지금으로부터 97년 전으로 거슬러 올라간다.

갑자년(1924) 10월에 당시 문중대표 29세 봉진(鳳瑨), 경우(敬瑀), 관석(寬石), 30세 찬석(贊碩), 찬우(燦羽), 한종(漢鍾), 31세 기현(璣鉉), 상봉(尚鳳) 등 8인의 발의로「관가정공파 와티문중」을 창립하고, 초대 회장에 31세 상봉(尚鳳)을 추대하였다. 이후 을축년(1925) 제2대 회장 30세 영조(永祚)를 거쳐 2009년 33세 정윤(正鈗)이 제32대, 2012년부터 현재는 33세 수윤(洙鋭)이 제33대 회장을 맡고 있다.

최근에 새로 조성한 관가정공파 와티문중의 선영과 신재실의 모습은 〈그림 8〉 및 〈그림 9〉와 같다.

참고로 와티입향조 덕륜(德倫)공을 포함한 임란(壬亂) 당시 사천 곤양의 의병(義兵) 참여자 인물 현황과 와티문중의 역대회장 명단을 정리하면, 아래와 같다.

〈그림 8〉 관가정공파 와티문중 선영
최상단 입향조 덕륜공묘, 2단 아들 갑생과 손자 수명의 묘, 3단 증손 순의, 순학, 순금의 묘, 4단 고손 선흥, 선귀의 묘. 소재지 : 경남 사천시 곤양면 중항리 와티마을

〈그림 9〉 관가정공파 와티문중의 재실 : 덕양재(德陽齊)

소재지 : 상동.
자료 : 관가정공파 와티문중, 덕륜공문중 묘원조성과 신재실 축성기, 2016.

와티문중의 역대 회장 명단

1대 상봉(尙鳳), 시조 31세	2대 영조(永祚), 30세
3대 찬조(贊祚), 30세	4대 경우(敬瑀), 29세
5대 익용(益鏞), 30세	6대 찬유(贊宥), 30세
7대 찬술(贊述), 30세	8대 찬석(贊碩), 30세
9대 한종(漢鍾), 30세	10대 상군(相君), 31세
11대 위도(渭道), 31세	12대 일조(日祚), 30세
13대 육봉(六奉), 30세	14대 위상(渭相), 31세
15대 재경(再京), 31세	16대 찬준(贊俊), 30세
17대 재규(在奎), 31세	18대 종호(宗浩), 32세
19대 삼무용(三武鏞), 31세	20대 영호(泳浩), 32세
21대 삼수(三守), 30세	22대 명호(明浩), 32세
23대 주오(周五), 32세	24대 경호(敬浩), 32세
25대 영환(永煥), 32세	26대 용찬(龍贊), 31세
27대 갑윤(甲鈗), 33세	28대 계호(炷浩), 32세
29대 봉호(鳳浩), 31세	30대 대연(大連), 32세
31대 종윤(琮鈗), 33세	32대 정윤(正鈗), 33세
33대 수윤(洙鈗), 33세	

자료 : 상동.

〈표 6〉 임란 시 사천·곤양의 의병 참여자 인물 현황(1592~1598년)

곤양의 의병참여자			
문 종	성 명	연고지	비 고
진양정씨 은열공파	정대수(鄭大壽)	곤양 흥사	전사
진양하씨 대사헌공파	하공헌(河公獻)	곤양 가화	전사
함안조씨 덕곡파	조은복(趙殷福)	곤양 환덕	전사
경주최씨 관가정공파	최덕륜(崔德倫)	곤양 와티	생환
장흥고씨 효열공파	고경명(高敬命)	곤양 동천	전사
광산김씨 첨주공파	김은휘(金銀輝)	곤양 환덕	생환
김해김씨 감무공파	김극복(金克服)	곤양 상정	전사
김해김씨 삼현공파	김치수(金致水)	곤양 와티	생환
남평문씨 강성군파	문귀생(文貴生)	곤양 흥사	전사
밀양박씨 규정공파	박사현(朴嗣賢)	곤양 성내	생환
파평윤씨 원평군파	윤정양(尹廷楊)	곤양 가화	전사
파평윤씨 수창공파	윤사복(尹思復)	곤양 성내	전사
함안조씨 충의공파	조종도(趙宗道)	곤양 한월	전사
경주최씨 관가정공파	최인관(崔仁寬)	곤양 성내	생환
추계추씨 돈암공파	추수경(秋水鏡)	곤양 대진	생환
창원황씨 첨정공파	황경헌(黃景憲)	곤양 흥사	전사
창원황씨 화산공파	황치룡(黃致龍)	곤양 안도	생환
김해허씨 충목공파	허 호(許 祜)	곤양 고동포	생환
달성서씨 감찰공파	서윤원(徐允遠)	곤양 동천	전사
은진손씨 정모공파	손희철(孫姬哲)	곤양 환덕	전사
평산신씨 문희공파	신백철(申伯喆)	곤양 본촌	전사
순흥안씨 참판공파	안세희(安世熙)	곤양 무고	생환
해주오씨 추탄공파	오윤겸(吳允謙)	곤양 동천	생환
계	23		

사천의 의병 참여자			
문 종	성 명	연고지	비 고
분성배씨 충장공파	배맹신(裵孟伸)	곤양 무고	생환
초계변씨 찰방공파	변옥희(卞玉希)	사천읍	전사
밀양손씨 우후공파	손 명(孫 蓂)	사천 두량	전사
해주오씨 사인공파	오응정(吳應貞)	사천 사남	생환
동성이씨 백인공파	이곤변(李鯤變)	사천읍	생환
인동장씨 종파	장사황(張士璜)	사천 금곡	전사
칠원제씨 충의공파	제 말(諸 沫)	사천읍	생환
영양천씨 충장공파	천만려(千萬麗)	사천읍	생환
밀양박씨 규정공파	박문령(朴文昤)	사천읍	생환
진주강씨 은열공파	강수인(姜守仁)	사천읍	생환
평산신씨 제정공파	신춘룡(申春龍)	사천 용현	전사
합천이씨 전석공파	이안국(李安國)	사천읍	전사
삭령최씨 부사공파	최흥원(崔興源)	사천 구암	생환
김해김씨 삼현공파	미상	사천 구암	생환
파평윤씨 원평군파	윤철관(尹哲寬)	사천 선진	생환
계	15		

주 : 인물명단은 사천군지와 곤양향토사지의 문중록에서 발췌한 것임.

자료 : 곤양향토사, 2004, pp.785~892.
　　　사천군지, 2010, pp.1026~1057.
　　　경주최씨 관가정공파 와티문중, 덕륜공문중 묘원조성과 신재실 축성기, 2016.

Ⅲ. 관가정 최청(崔淸)의 고려시대 관직

1. 공민왕 10년(1361) 문과급제

관가정 최청(崔淸)은 고려 충혜왕5년(1344)에 고운시조 10세손 판봉상시사(判奉常侍事) 자운(子雲)의 첫째 아들로 태어났다. 그는 어릴 적부터 고려의 대학자 문충공(文忠公) 익재(益齋) 이제현 선생으로부터 자질과 학문태도를 인정받아 공민왕(恭愍王) 10년(1361)에 문과(文科)에 우수한 성적으로 등과하였다. 문과(文科)에서도 유학경전으로 합격자를 뽑는 명경과(明經科)의 합격이었다. 공(公)의 나이 18세 무렵이다.

당시 고려의 과거제도(科擧制度)는 크게 문과와 무과 및 잡과의 셋으로 나누어 실시하는데, 문과는 다시 한문학시험으로 합격자를 뽑는 제술과(製述科)와 유학경전시험으로 합격자를 뽑는 명경과(明經科)로 나누어져 있었다. 전자는 조선시대의 소과(小科)에 해당하며, 후자는 조선시대의 대과

(大科) 수준으로, 고려 전국에서 매회 33명을 뽑는 어려운 시험이었다. 합격자에게는 임금이 홍패(紅牌)를 내리고 우대하였다.

잡과(雜科)는 의술과 복술(卜術), 천문지리 및 역과(譯科)에 능한 인재를 뽑는 시험으로, 오늘날의 기술고시와 같은 것이었다. 이와 같은 고려의 과거제도는 958년 광종(光宗) 9년부터 처음 실시하였는데, 그 뒤 성종 때에 당시 문하시중에 있던 시조 3세 문정공 최승로(崔承老)의 시무책28조에 의해 더 강화되었다(하현강, 梨大史苑 12, 1975).

2. 공민왕 10년(1361) 보문각학사(寶文閣學士)

공(公)의 신도비명(神道碑銘) 한편에는「공민왕신축 등문과 조보문각 학사(恭愍王辛丑 登文科 調寶文閣學士)」라는 기록이 나온다. 공민왕신축(恭愍王辛丑)은 1361년에 해당하므로 공(公)은 문과합격 후 곧 보문각 학사로 등용되었다는 뜻이다.

보문각(寶文閣)은 고려시대에 왕실에서 경연(經筵)을 담당하거나 중요문서와 자료서적 등의 장서(藏書)를 맡는 중앙관직의 하나였다. 처음에는 명칭을 고려 제16대 예종(睿宗) 11년(1116)에 청연각(淸讌閣)이라 하였으나 그 뒤 곧 보문각(寶文閣)으로 이름을 바꾸었다. 조선시대의 홍문관(弘文館)이 여기에 해당한다.

고려시대 보문각(寶文閣)에는 정3품의 대학사(大學士)와 정4품에서 정5품의 학사(學士) 및 그 아래에 정·종의 학정(學正)과 학록(學錄)을 각각 두었으며, 조정 경연에 나가는 경연자(經筵者)는 학식과 덕망이 높은 학사가 담당하도록 되어 있었다.

당시 관가정공 청(淸)이 보문각에 들어가 무슨 일을 하였는지는 자세하지 않다. 추측컨대, 정5품의 학사(學士)로서 조정경연의 직을 맡지 않았나 짐작된다. 과거 합격 후 첫 출발을 보문각이라고 하는 중앙관직에서부터 시작하였다는 것 자체가 그의 과거 시험성적이 우수하였다는 것을 증명하는 것이다.

공(公)은 보문각 근무 2년 만에 중서문하성(中書門下省) 아래의 정당문학(政堂文學)으로 승차하였다. 이것을 보면, 그의 보문각학사 직책은 단순한 문서관리나 장서업무가 아닌 임금과 대신들 앞에서 경서와 사서를 경연(經筵)하는 경연자 역할이 아니었나 추측된다.

3. 공민왕 12년(1363) 정당문학(政堂文學)

경주최씨 관가정공파 세보 권1(1978)에 따르면, 관가정공 청(淸)은 1363년 공민왕12년(癸卯)에 정당문학을 지냈다고 적혀있다.

정당문학(政堂文學)은 고려시대에 국가의 최고 정책결정과 행정을 총괄하는 중앙기관인 중서문하성(中書門下省) 아래의 종2품 관직이었다. 백관(百官)을 통솔하고 서정(庶政)을 관리하는 직책으로, 고려 제25대 충렬왕(忠烈王) 16년 (1290)에 설치한 기관이다.

최청(崔淸)이 문과 등과 후 받은 초직 보문각학사 2년 만에 권한과 책임이 막중한 중앙관서인 정당문학의 벼슬을 받은 것은 홍건적의 난에 왕을 극진히 호위한데 따른 훈적이었다. 자료에는 공민왕이 홍건적의 난을 맞아 복주(福州)로 남행할 때에 "공(公)이 임금의 수레 좌우에서 힘을 다해 말고삐를 잡고 호위함에 병(病)을 얻었다(公執鞚左右鞠躬盡瘁)"라는 기술이 나온다.

당시 정당문학에는 정3품의 좌상시(左常侍)와 우상시(右常侍)의 두 직책이 있었는데, 이때 공(公)이 받은 품계와 직책이 무엇이었는지는 자세히 알 수 없으나 아마 정3품의 좌・우상시 중 하나였을 것으로 추측해 볼 수 있다. 그가 정당문학으로 승차한 것만으로도 당시 고려 조정으로부터 능력과 자질을 인정받고 있었다는 증거이다.

4. 공민왕 14년(1365) 중서시랑(中書侍郎)

중서시랑(中書侍郎)은 문하시중(門下侍中)의 바로 아래에 소속된 정2품의 중앙관직으로, 왕명(王命)을 받들고 중신(重臣)들의 의견을 임금에게 전하는 직책이다. 조선시대 도승지(都承旨)의 역할과 같은 직책이다. 최청(崔淸)이 공민왕(恭愍王) 14년(1365) 을사(乙巳)년 그의 나이 22세에 오늘날 정부 차관급에 해당하는 중서시랑(中書侍郎)의 관직에까지 올랐다는 것에 대해서는 주목해 볼 일이다(신도비문, 1924).

5. 공민왕 16년(1367) 신주감무(信州監務)

공(公)은 문과 합격 후 6년 사이에 오늘날의 정부 차관급인 시랑(侍郎)의 지위까지 이르렀으나 갑자기 공민왕 16년

(1367)에 벼슬이 종3품으로 강등되고 지방관으로 좌천되는 불운을 겪었다.

1921년(辛酉)에 편찬된 「경주최씨대동보 권1」에 의하면, "斥 辛旽 貶宰信州監務官"이라 하여 신돈을 배척한 이유로 벼슬이 신주감무로 떨어졌다는 기록이 나온다.

신주(信州)는 황해도 신천군(信川郡)의 옛 지명이며, 감무는 현감과 같은 직책으로, 공(公)은 1367년 그의 나이 24세에 황해도 신천군을 다스리는 지방관으로 나가게 된 것이다.

이 모든 것은 공민왕(恭愍王) 12년에서 20년 사이 약 8년간에 걸쳐 있었던 요승 신돈(辛旽)에 의한 국정문란의 결과로 초래된 일이었다.

원래 신돈은 계성현(현재 창녕) 화왕산 옥천사(玉川寺)라는 절의 승노(僧奴)였는데, 어느 날 불법을 닦아 편조(遍照)라는 불명을 얻어 자칭 청한거사(淸閑居士)라 하면서 사람들에게 비범함을 자랑하고 다녔다. 이 무렵 공민왕의 신임을 받고 있던 밀직부사 김원명(金元命)이 공민왕에게 승려 신돈을 왕의 사부(師傅)로 천거하면서 신돈에 의한 국정문란이 시작되었다.

신돈의 국정 농단과 문란한 궁중생활을 못마땅하게 여긴 공(公)은 조정회의에서 신돈의 국정농단을 자주 성토하였으며,

어떤 때에는 임금의 면전에서 신돈을 꾸짖기까지 하였다.

마침내 공민왕과 신돈 양쪽으로부터 미움을 산 공(公)은 벼슬이 강등되고 신주감무라는 지방관으로 좌천되는 지경에까지 이르게 된 것이다. 이 부분에 대하여 1924년(甲子)에 세운 관가정 최청의 신도비명(神道碑銘)에서는 이렇게 적고 있다.

「辛旽壇權擧 朝靡然趨附 公上疏駁之每至上前輒叱旽 旽嚴憚之貶 信州監務涖」

"신돈(辛旽)이 정권을 전단하여 조정을 어지럽히므로 공(公)은 자주 임금에게 상소하였으며 면전에서 신돈을 엄히 꾸짖으므로(叱旽), 신돈으로부터 미움을 사 신주감무로 강등되다."

6. 우왕 1년(1375) 첨의중찬(僉議中贊)

최청(崔淸)이 고려 제32대 우왕(禑王)으로부터 정2품 첨의중찬(僉議中贊)의 벼슬을 제수받은 때는 우왕1년(1375)

을묘(乙卯)년이다.

　관가정 최청의 신도비명(神道碑銘)에는 공(公)이 신주감무(信州監務)로 나아가 치적을 크게 떨치므로 을묘(乙卯)년에 첨의중찬(僉議中贊)으로 왕의 부름을 받아 내직으로 들어갔다고 되어 있다. 을묘년은 우왕1년 1375년이며, 첨의중찬은 정2품의 벼슬로, 국정을 총괄하는 문하시중(門下侍中) 바로 아래의 중앙관직이다.

　요승 신돈으로부터 미움을 사 종3품 지방관으로 쫓겨난 지 8년 만에 공(公)은 명예를 회복한 것이다. 신도비명에서는 이 내용을 다음과 같이 적고 있다.

「信州監務莅政 治化大行 乙卯以僉議中贊召」

"신주감무로 나가 치정(治政)을 크게 펼치므로 을묘(乙卯)년에 첨의중찬으로 불러들이다."

7. 우왕 4년(1378) 남로선유사(南路宣諭使)

　고려는 임금의 국정 내용을 백성들에게 널리 알리기 위하여 종2품 또는 정3품 이상의 당상관 직위에 있는 신하를 선유사(宣諭使)로 임명하여 직접 지방순시를 하게 하는 선유사제도를 두고, 이를 남로선유사와 북로선유사의 두 종류로 운영하였다.

경기도 남양주문화원이 펴낸 「남양주 인물이야기1」 2019년에 의하면, 최청(崔淸)은 우왕 4년(1378) 무오(戊午)에 남로선유사(南路宣諭使)로 나갔다고 하는 기록이 있다. 이때 최청의 나이 35세였다. 이 사실은 지금까지 알려진 최청의 행적에서 처음 밝혀진 내용이다.

고려는 왜구(倭寇)의 폐해가 극심해지기 시작한 13세기 이후부터 선유사(宣諭使), 혹은 선위사(宣慰使)라고 하는 제도를 두었으며, 이것을 북로선유사(北路宣諭使)와 남로선유사(南路宣諭使)로 나누어 실시하였다.

북로선유사는 수도 개경(開京) 이북으로 파견하여 임금의 국정내용을 알림과 동시에 여진족(女眞族) 등 북방 오랑캐의 침범에 대한 대비책을 점검하게 하였으며, 남로선유사는 개경(開京) 이남 지방에 큰 폐해를 주는 왜구 토벌대책을 살피도록 하는 선유사였다.

그러나 공(公)의 남로선유사 역할이 첨의중찬의 본직을 유지하면서 수행하였는지, 아니면 첨의중찬의 직에서 물러난

뒤였는지, 그리고 기간은 얼마 동안이었는지에 대해서는 자세하지 않다(남양주문화원, 남양주 인물이야기, 2019).

8. 우왕 9년(1383) 사복시정(司僕侍正)

최청(崔淸)은 우왕(禑王) 9년(1383) 계해(癸亥)에 정2품 사복시정(司僕侍正)의 자격으로 명(明)나라 사신으로 나가 이듬해 갑자(甲子)년에 돌아왔다. 관가정 최청의 신도비명(神道碑銘)에 나와 있는 기록이다.

경주최씨 관가정공파 세보(1978)와 동 영사보(1994)에도 같은 내용을 기록하고 있다. 이러한 내용은 1454년 단종(端宗) 때에 간행된「고려사 세가편(高麗史 世家扁)」에 근거한다.

고려사 11권 세가편 계해 11월조와 갑자 10월조에 의하면, 「遣司僕正崔涓 裵仲倫 湊請減其數 遼東進歲貢 馬一千匹 以金銀非國所産(癸亥十一月条), 陪臣崔涓等四人齎文 陸路回還(甲子十月条)」의 기사가 있다.

"계해(癸亥)년에 사복정 최연과 배중륜을 명(明) 사신으로 요동에 보내어 조공으로 본국에는 금은(金銀)이 생산되지 않음을 설명하고, 말 1천 필로 그 세수(稅收)를 감해주도록 주청하였으며(계해 11월조), 갑자(甲子)년 10월에 돌아올 때에는 신하 최연 등 4인이 많은 경서(經書)를 가지고 중국으로부터 육로로 돌아왔다."라는 내용이다.

위에서 계해년은 우왕9년(1383)이며, 갑자년은 우왕 10년(1384)이다. 또 신하 최연(崔涓)은 곧 최청(崔淸)을 말하며, 还(환)은 還(환)의 약자이다.

9. 우왕 10년(1384) 검교정승(檢校政丞)

공(公)의 고려 마지막 관직은 검교정승이다. 검교정승(檢校政丞)은 고려시대에 문하시중(門下侍中) 바로 아래에 속한 벼슬로, 정승(政丞)의 지위를 갖는 정2품의 고위직이다. 직책은 왕의 명령을 받아 중신(重臣)들의 정책 집행을 독려하며 부처간의 정책을 조정하는 오늘날의 정무장관(政務長官)과 같은 것이었다.

그런데, 공(公)이 어느 시기에 이 벼슬을 받았는지에 대해서는 분명하지 않다. 추측컨대, 우왕 9년(癸亥)에 사복시정으로 명(明)나라 사신으로 나아가 이듬해 우왕 10년(甲子)에 명의 홍무(洪武)황제로부터 자금어대(紫金魚袋)까지 받아 환국하므로 우왕이 공(公)의 외교공로를 인정해 정2품 검교정승(檢校政丞)에 임명했던 것이 아닌가 생각된다. 그때가 바로 명(明)의 사신으로부터 돌아온 우왕 10년, 갑자년(1384) 10월이기 때문이다.

이 부분에 대하여 신도비명에서는「檢校政丞時 辛旽擅權 擧朝靡然趨附公上疏」라 하여 마치 신돈과 마찰을 빚은 때를 공(公)이 검교정승에 있었던 때인 것으로 기록하고 있는데, 이것은 맞지 않은 것 같다.

신돈이 궁중에서 농간을 부린 때는 공민왕시대이며, 공(公)이 신돈과의 불화로 신주감무로 좌천되어 돌아온 때는 이미 공민왕을 지나 우왕1년(1375)이었던 것이다.

공(公)은 이성계 세력에 의해 우왕이 자리에서 물러나자 몹시 개탄하며 곧 벼슬을 버리고 야인으로 돌아가 이후로 정사를 멀리하였다(慨然退隱不聞時政)라는 신도비명의 기록이 있다. 1388년 공(公)의 나이 45세 무렵이다.

공(公)이 두문동에서 나와 경기도 양주군 풍양면 용정리 하독정(下讀亭)으로 들어와 살 때에 사람들은 이 마을 이름을 "정승골(政丞谷)"이라 불렀다. 또 그의 묘를 "최정승묘(崔政丞墓)"라 칭했다. 이러한 것은 그의 고려시대 마지막 관직이 검교정승(檢校政丞)이었다는 사실을 말해주는 것이다.

10. 조선 태조3년(1394) 좌찬성(左贊成) 제수

 관가정공(觀稼亭公)이 고려의 여러 충신들과 함께 이성계의 조선개국을 반대하고 끝까지 고려를 지키기 위해 두문동(杜門洞)에 들어가 있을 때에 이성계로부터 의정부 좌찬성(議政府 左贊成)을 제수받았다.

 신도비명에서는 이때를 태조 3년으로 적고 있다. 서기로는 1394년이며, 고려가 멸망한지 3년째 되는 태조3년 갑술(甲戌)년이다(太祖 三年徵以左贊成, 신도비명, 1924).

 조선개국 후 태조 이성계는 국가 최고 행정기구로 고려의 문화부(文化府)를 대신한 의정부(議政府)를 설치하고 여기에 좌·우 영의정과 두 영의정 아래에 종1품의 좌·우 찬성(左·右 贊成) 각 1명을 두었다. 우찬성은 국내 정치를 총괄하며 백관을 통솔하는 직책이었으며, 좌찬성은 대외관계(외교정책)를 책임지는 직책이었는데, 공(公)이 이성계로부터 제수받은 벼슬은 오늘날의 외교부 장관에 해당하는 좌찬성 직책이었다.

 이 무렵 중국에서는 원(元)나라가 무너지고 주원장(朱元璋)이 중국의 새로운 통일왕조로 명(明)나라를 세운 때였다. 이성계는 역성혁명에 성공한 후 약 1세기동안 시달려온 고려의 대원관계(對元關係)를 청산하고 새로운 대명관계(對明關係)로 외교정책의 전환을 모색하고 있을 때였다. 이때 태조 이성계가 생각해둔 인물이 바로 관가정 최청(崔淸)이었던 것이다.

최청(崔淸)은 고려말 우왕 9년(1383)과 동 10년(1384) 두 차례에 걸쳐 명(明)나라에 사신을 다녀온 적이 있었다. 이때 조공을 감하고 금·은 대신에 말(馬)로써 조공을 대납(代納)하게 하는 관행을 만들었으며, 많은 경서를 도입하는 등으로 훌륭한 외교업적을 세운 바가 있었다.

이러한 점에 주목하여 태조 이성계는 그의 건국초기 대명관계의 외교 적임자로 관가정 최청을 염두에 두었던 것이다.

이러한 사실은 신도비명과 족보에도 나와 있다.

太祖三年徵以左贊成不起 御駕三枉 閉戶不出(신도비명, 1924),

太祖召以左贊成不起(영사보, 1994).

"태조3년(1394)에 공(公)을 좌찬성으로 삼아 세 번이나 불렀으나 문을 잠그고 응하지 않았으며, 태조가 좌찬성으로 삼아 불렀으나 나아가지 않았다"하는 내용이다.

Ⅳ. 두문동 72현과 관가정 최청(崔淸)

1. 두문동(杜門洞)의 유래와 진실

　두문동(杜門洞)이라고 하는 지명을 한자 그대로 풀이하면, 杜(두)는 닫아걸 두자이며, 門(문)은 집문자이므로 "문을 걸어두고 사는 마을"이라는 뜻이다.

　그러나 전국의 마을 이름을 다 조사하여도 이러한 마을 이름을 쓰는 곳은 단 한 곳도 발견되지 않는다. 그렇다면, 고려 유신들이 숨어지냈다는 두문동(杜門洞)이라고 하는 지명의 실체는 실제로 존재하는 지명일까, 아니면 역사속의 지명일까 하는 것인데, 만일 역사속의 지명이라면, 언제부터, 어떤 계기로 그와 같은 지명을 쓰게 되었는지가 궁금하지 않을 수 없다.

　분명한 것은 역사 속에 두문동(杜門洞)이라는 이름이 등장하는 것은 사실이며 그것도 고려의 수도인 개성을 중심으로 하여 널리 불려 진 이름이다. 이 용어가 지리적 명칭으로 통용되기 시작한 것은 조선후기부터이며, 정확하게는 조선 영조(英祖) 12년(1740)부터이다.

고려의 유신들이 이성계의 조선 건국에 항거하면서 고려에 대한 절의(節義)를 지키기 위하여 개성 부근의 산속으로 숨어 들어간 곳을 후세의 사람들이 그곳을 일러 "두문동(杜門洞)"이라 칭했던 것이다. 그리고 두문동에 들어가 목숨을 걸고 고려에 충성을 맹세한 고려 말의 대표적인 선비들을 가리켜 "두문동 72현(杜門洞七十二賢)"이라 하였다.

순조9년(1809)에 문인 정종로(鄭宗魯, 1738~1816)가 남긴 「두문동선생실기(杜門洞先生實記)」에 의하면, "죽기를 맹세하고 가족들과 결별한 다음, 뜻을 같이 하는 71명의 동지들과 함께 만수산(萬壽山)으로 들어가 일생을 바치니 후세 사람들이 그 골짜기를 이름 하여 두문동(杜門洞)이라 하였다." 라는 기록이 나온다. 두문동 72현의 한 분인 창녕성(成)씨 성사제(成思齊)의 아래의 글을 인용한 것이다.

「矢死因訣家人 與同志七十一人 入萬壽山中杜門 以終後人名其洞 曰杜門」

두문동(杜門洞)이라고 하는 지리적 명칭을 지도상에 처음 표기한 것은 1872년이다(그림 7 참조). 그러나 역사적으로는 이 보다 앞선 1740년 영조(英祖) 16년(庚申)이다. 이전의 고려사절요(1452), 고려사(1454), 세종실록지리지(1454) 등에서는 이러한 용어가 등장하지 않는다.

영조실록 권52, 영조 16년(1740) 9월 1일 기사(己巳)에 의하면, 임금이 후릉(厚陵)[4]을 참배하기 위하여 송도(松都)로 행차하였는데, 경덕궁(敬德宮)[5] 앞에서 어가를 멈추고 신하에게 부조현(不朝峴)[6]에 대하여 물으니 신하 주서 이회원(李會元)이 답하기를 "임금께서 과거를 실행하였는데, 이 고을의 대족 50여 호가 과거에 불응하여 생긴 이름입니다. 그리고 이들이 모두 두문불출하므로 그 마을 이름을 「두문동(杜門洞)」이라 불렀습니다."라 하였다. 「두문동」이라는 용어가 최초로 등장하는 왕조실록의 기사이다.

「上於輦路, 顧侍臣曰 : 不朝峴在于何處 其命名亦何意也 注書李會元曰 太宗設科 本都大族 五十餘家 不肯赴擧 以是名也 且杜門不出 故又以杜門名其洞」

이 고사를 들은 임금은 바로 명하여 이곳은 충신들의 유적지이므로 마땅히 정표(旌表)하여 「고려충신부조현(高麗忠

---

4) 후릉(厚陵)은 조선 정종의 비(妃) 정안왕후의 능으로, 경기도 개풍군 개풍면 영정리에 위치한다.
5) 경덕궁(敬德宮)은 개성에 소재한 태조왕건(王建)의 별궁을 말한다.
6) 不朝峴(부조현)이란 고려 말에 고려 유신들이 조선조 출사를 거부하고 달아난 송도 북쪽의 산고개를 말한다. 이 고개를 지나면 만수산 두문동이 나온다고 하였다(부산사학, 제22호, 1998).

臣不朝峴)」이라는 7자(字)를 새겨 부조현 고개 위에 비석을 세우도록 하였으며, 이 명(命)을 받아 이행한 자가 당시 개성 유수 김약노(金若魯)이다.

「英祖 十六年辛未秋九月己巳 謁厚陵 歷幸松都訪故事 父老對曰 敬德宮之前麓 卽不朝峴…, 麗之臣庶不朝 走踰于峴 峴以是名 其詳有府誌 上曰 此忠臣遺蹟也 宣旌而褒 爾守臣刻 "高麗忠臣不朝峴" 七字于峴」

영조(英祖)는 여기에 그치지 않고 다시 그의 재위 27년(1751) 9월에 개성유수 서종급(徐宗伋)으로 하여금 어필 "杜門洞碑"를 내려 「두문동비」를 세우게 하였다. 비석의 전면에는 영조 자신이 쓴 "고려의 충신들아 지금은 다 어디에 있는가. 내 특별히 그 골짜기에 비석을 세워 그대들의 충절을 표하노라." 라고 하는 비명을 내렸다. 그리고 비석 뒷면에는 "두문동의 고려 충신 72인의 절의를 새삼 느끼는 바이다"라는 음기(陰記)까지 써서 남겼다(英祖27年辛未季秋, 영조실록 권74).

두문동비의 전면 :「勝國忠臣今焉在 特竪其洞 表其節」
두문동비의 뒷면 :「辛未季秋 追感杜門洞 前朝 忠臣七十二人節」

이와 같이 1740년 「두문동(杜門洞)」이라는 지명의 포기에 이어 그 십년 후인 1751년(辛未)에는 「두문동72현(杜門洞七十二賢)」이라는 용어까지 역사에 등장하게 되었다.

영조(英祖)는 1740년에 만수산 두문동 입구에 「고려충신부조현」비를 세우고, 그 십년 뒤인 1751년에는 경기도 개풍군 토성면 연릉리(煙陵里)에 위에 적은 「두문동비」를 세워 두문동 72현에 대한 제사까지 지내게 하였다.

이로부터 역사상 처음으로 왕조실록에 「두문동(杜門洞)」과 「두문동72현(杜門洞七十二賢)」이라고 하는 용어가 통용되기 시작한 것이다. 이후 "두문동과 두문동72현"이라고 하는 용어는 이야기로만 전해오는 전설이 아니라 고려말과 조선개국 초기의 혼란한 정국을 이해하는 역사적 진실로 자리 잡게 되었다.

<그림 10> 두문동비(杜門洞碑)

<그림 11> 두문동비각(杜門洞碑閣)

<그림 10>의 「勝國忠臣今焉在得堅其洞表其節」14자 가운데서 위의 4글자 "勝國忠臣"은 오래되어 보이지 않음.
소재지 : 경기도 개풍군 토성면 연릉리(煙陵里)
자료 : (사)평화문제연구소, 조선향토대박과, 2008.

2. 두문동(杜門洞)의 위치

　왕조실록에는 영조27년(1751) 9월에 임금이 송도 행차 시에 고려 충신들의 절의를 잊지 못하여 당시 개성유수 서종급(徐宗伋)으로 하여금 두문동비를 세우게 하고 치제(致祭)를 명하였으며, 그 후손까지 살피라는 기록이 전한다(두문동선생실기, 1809).

「崇禎紀元後 百二十四年辛未季秋 追感杜門洞
　前朝忠臣 七十二人節 命錄用其孫 竪碑洞中」

　그러나 당시에 세웠다는 두문동비(杜門洞碑)의 정확한 건립 위치가 어딘지에 대해서는 제대로 밝혀지지 않았다. 이 때문에 수 백 년의 역사가 지난 뒤에도 후세인들은 두문동의 진정한 위치를 찾지 못한 채 여러 갈래로 전해오는 구전이나 개인문집 또는 72현의 문중족보 등에 의존하여 대강의 내용을 알 수 있는 정도였다.
　예를 들어, 두문동(杜門洞)이 개성 송악산에 있었다거나, 송악산 서쪽 만수산에 있었다거나, 또는 그 아래 개풍군 광덕면 광덕산에 있었다는 설 등이다. 이러한 것을 종합하면,

지금까지 전해오는 두문동의 위치는 한 곳으로만 정해져 있는 것이 아니었으며, 여러 곳으로 흩어져 있었다는 것을 알 수 있다.

이 글을 쓰기 위하여 여러 문헌과 자료를 조사하여 종합한 결과 실제로 두문동은 개성의 송악산(松嶽山)과 만수산(萬壽山), 경기도 개풍군의 광덕산(光德山)과 연하산(煙霞山), 장단군의 보봉산(寶鳳山) 등으로 여러 곳에 있었으며, 심지어 강원도 정선(旌善)에도 두문동이 있었다는 사실이 밝혀졌다.

1) 송악산(松嶽山) 두문동

송악산은 높이가 490m로, 고려의 도읍지인 개성시 북쪽에 위치하는 개성의 진산이다. 산줄기는 동서로 길게 뻗어 있으며, 소나무가 무성하여 산 이름을 송악산(松嶽山)이라 하였다. 북동쪽과 남서쪽에는 많은 산골짜기가 형성되어 있고, 서쪽산 기슭로는 예성강의 지류가 흐른다.

북쪽에는 천마산(762m)이 솟아있고, 그 아래에 박연폭포가 있으며, 남쪽 골짜기에는 개성 만월대(開城 滿月臺) 유적이 있다. 이 밖에 주위에 봉명산(411m), 화장산(558m), 진봉산, 용수산 등 여러 산들이 위치해 송악산을 받쳐주고 있다.

송악산 두문동(杜門洞)은 1809년에 정종노(鄭宗魯)가 편찬한「두문동선생실기(杜門洞先生實記)」에 의하면, 송악산 서(西)쪽 골짜기에 위치한다(維松之西 有洞杜門)고 쓰여 있다(정종노, 두문동선생실기, 1809).

1392년 태조 이성계가 고려를 무너뜨리고 조선 국왕에 오른 직후 개성에서 과거를 실시하였는데, 이때 고려의 유생들이 과거시험을 거부하고 부조현(不朝峴) 고개를 넘어 두문동으로 달아난 후 두문불출(杜門不出)하였다라는 고사가 전한다.

김정자(金貞子, 1978)는 바로 이 고사에 나오는 두문동이 송악산 두문동이라 하였다(김정자, 두문동72현의 선정인물에 대한 검토, 부대사학 제22집, 1998).

〈그림 12〉 송악산과 개성시의 전경
개성시 뒤쪽에 동서로 길게 뻗은 산이 송악산이며, 앞이 현재의 개성시가지 모습이다.
자료 : (사)평화문제연구소, 조선향토대박과, 2008.

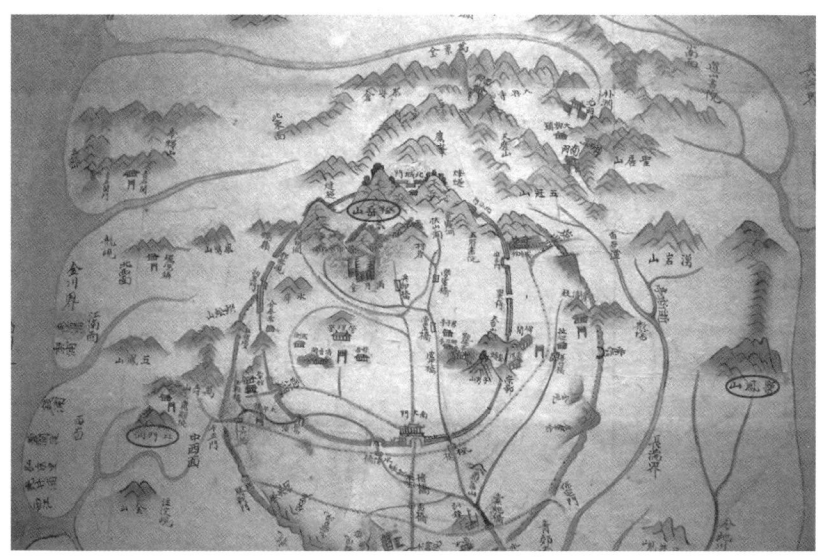

〈그림 13〉 개성전도(1872년)

개성 서쪽 오정문(午正門) 위쪽에 만수산이 위치하며, 그 아래에 두문동(杜門洞)이라는 지명을 싣고 있다.
자료 : ps://blog.naver.com/PostView.nhn?blogId=jawkoh&logNo=221416734936.

2) 만수산(萬壽山) 두문동

두문동 관련 자료에서 가장 많이 나오는 곳이 만수산(萬壽山) 두문동이다.

만수산은 송악산 서쪽에서 남서쪽으로 뻗어있는 산으로, 개성을 중심으로 하여 보면 개성부의 서문(西門) 밖에 위치한다. 산세는 일대에 10여리에 달하는 여러 개의 긴 골짜기가 있고, 천길 절벽이 벽처럼 둘러서 있는 험준한 산이다. 이러한 산세 때문에 만수산은 고려시대에 여러 전란의 피난

처가 되었으며, 많은 생명을 구해주었다 하여 산 이름을 만수산(萬壽山)으로 하였다는 전설이 있다.

이 산 서쪽 절벽 아래 긴 골짜기가 있는데, 이곳이 바로 고려유신들이 모여든 만수산 두문동(杜門洞)이라는 곳이다.

태조 이성계의 아들 이방원(李芳遠)이 자기 아버지 문병을 온 포은 정몽주(鄭夢周) 선생의 의중을 떠보기 위해 "이런들 어떠하리 저런들 어떠하리, 만수산(萬壽山) 드렁칡이 얽혀진들 어떠하리…."의 「하여가(何如歌)」 시조에 등장하는 산 이름이 만수산이다. 이방원은 만수산을 고려왕조의 상징으로 표현한 것이다.

정몽주(鄭夢周) 선생은 여기에 "이 몸이 죽고 죽어 일백번 고쳐죽어 백골이 진토되어 넋이라도 있고없고 임향한 일편단심이야 가실 줄 있으랴"라는 「단심가(丹心歌)」로 답해 이성계의 모반(謀反)에 가담할 뜻이 없음을 분명히 하자, 그 길로 곧 정몽주는 선죽교에서 이방원의 수하에게 피살되고 말았다.

1392년 4월(공양왕4) 정몽주의 선죽교 피살 소식이 알려지자 그를 따르는 고려의 선비들이 일제히 일어나 만수산으로 모여들었다. 여기에 포은(圃隱)의 스승 목은 이색(李穡)이 수장으로 앞장을 서고 길재, 범세동, 김충한, 류번, 우형보, 이종락, 이숭인, 김자수 등이 뒤를 따랐으며, 관가정공 최청(崔淸)도 함께 하여 이성계의 조선개국을 끝까지 저지하면서 고려왕조에 목숨을 바치기로 결의하였다.

〈그림 13〉에 표시된 만수산 두문동(杜門洞)으로 들어온 고려유신들은 모두가 만수산 서쪽 산기슭에 마을을 이루고 두문(杜門)으로 세상에 나아가지 않았다. 더러는 목숨을 끊는 자도 있었다. 후세에 와서 사람들은 이 마을을 일러 두문동(杜門洞)이라 하였다. 이상의 내용이 만수산 두문동이 생겨난 고사이다. 이를 증거하는 자료가 고산자 김정호(金正浩)가 남긴 1872년의 〈그림 13〉 개성전도이다.

두문동 72현의 한 분인 성사제(成思齊)의 행적을 기록한 「두문동선생실기」에서도 "두문동은 만수산 아래에 있다(杜門洞於萬壽山下)"라고 기록하고 있으며, 또 하나의 자료로 72현의 하나인 류번(柳藩)의 후손이 남긴 「벽은선생실기(僻隱先生實記, 1845)」에는 다음과 같은 글이 실려 있다.

「萬壽山中杜門以終 後人名其洞 曰杜門」

"만수산속으로 들어가 문을 걸고 생을 마치니, 후세 사람들은 그곳을 일러 두문동(杜門洞)이라 하였다."

류번(柳藩)은 진주류씨(柳氏)로, 문과 후 두 차례 명(明) 사신으로 나갔으며, 말년에는 공조전서를 지냈다. 고려가 망하자 이색, 길재, 전오륜, 최청 등 제현 48인과 함께 만수산 두문동에 들어가 스스로 호를 벽은(僻隱)이라 짓고, 절의로 일생을 바친 인물이다. 경남 합천군 묘산면 가산리에 가면 그를 추모하는 사당 노강재(魯岡齋)가 있다.

3) 보봉산(寶鳳山) 두문동

보봉산은 개성시 동북쪽 장단군(長湍郡) 화장산 옆에 있는 낮은 산으로, 산세가 마치 봉황이 춤추듯하는 모습을 띤다 하여 붙여진 산 이름이다〈그림 13〉참조.

문헌에 의하면, "고려 무신(武臣) 48인이 보봉산(寶鳳山)에 들어가 같이 죽기로 명세하였는데, 그곳이 보봉산 깊은 산골 두문동(杜門洞)이다"라는 기록이 전한다. 1992년에 서울의 보경문화사(保景文化社)가 펴낸 고려시대 말의 역사를 기록한「대동기문(大同奇聞)」에 나와 있는 내용은 이러하다.

「武臣四十八人 姓名不傳 麗亡相卒 入寶鳳山深谷中 洗身井 會盟臺之稱亦名 杜門洞」

"이름이 전해지지 않는 고려의 무신(武臣) 48인이 고려가 망하자 서로 죽기로 결심하고(相卒), 보봉산(寶鳳山) 깊은 산중으로 들어가 우물에 몸을 씻고(洗身井) 대(臺)에 올라 맹세하니 그곳이 곧 보봉산 두문동(杜門洞)이다."라는 내용이다.

지금도 보봉산 아래에는 이들이 몸을 씻었다는 우물 "세신정(洗身井)"의 흔적을 발견할 수 있고, 바위에 올라 고려를 위해 죽기로 맹약한 "회맹대(會盟臺)"가 있다고 한다.

이와 같이 이성계의 조선왕조 개국에 직접적으로 저항한 고려의 절의파 세력에는 문신(文臣)들만 있었던 것은 아니었다. 그 안에는 무신(武臣)들도 상당수 포함되어 있었는데, 이들 무신 48인이 은둔해 지낸 곳이 바로 보봉산 두문동이다(최권흥 외 3인, 배록동 여든분, 다운샘, 2010).

4) 연하산(煙霞山) 두문동

연하산(煙霞山)은 지금의 북한 황해북도 개풍군의 동북쪽에 위치한 개풍군 토성면 연하리(煙霞里) 일대를 이루는 산이다. 지형상으로 보면 송악산의 서쪽 지맥이라 할 수 있으며, 만수산과 개성과도 멀지 않는 곳에 위치한다.

이곳에도 두문동(杜門洞)이 있었다는 것을 증명하는 자료가 발견되었다. 2008년에 (사)평화문제연구소가 펴낸 「조선백과사전」에 의하면, 그동안 설치장소를 몰라 여러 설만 무성했던 「두문동비(杜門洞碑)」의 흔적이 현재의 북한 황해북도 개풍군 토성면 연하리(煙霞里)에 위치한다는 것과 함께, 1751년 9월에 영조가 세운 이 비(碑)의 당시 모습이 선명하게 소개되고 있다.

송악산과 만수산으로 피신하여 들어간 고려유신들은 만수산 죽배고개를 넘어 개풍군 토성면의 연하산(煙霞山) 골짜기까지 숨어 들었다는 것을 말해준다. 〈그림 10〉, 〈그림 11〉 및 〈그림 13〉 참조.

5) 광덕산(光德山) 두문동

광덕산(光德山)은 경기도 개풍군 광덕면에 위치하는 산이다. 이성계 세력에 의해 고려가 멸망하고 조선이 건국되자 끝까지 조선왕조에 출사(出仕)하지 않고 충절을 지킨 고려유신(遺臣) 상당수가 이산 서쪽 기슭에 집단적으로 모여 들었다. 이들이 산기슭 동·서 두 곳에 문(門)을 세우고 빗장을 걸어 잠근 채 살아간 마을이 있었는데, 이곳이 광덕산 두문동(杜門洞)이다.

그러나 광덕산 72현의 이름을 현재까지는 자세히 모르고 있었는데, 최근에 한국학중앙연구원이 펴낸「한국민족문화대백과사전, 2001」에서는 신규(申珪), 신혼(申琿), 신우(申祐), 조의생(曺義生), 임선미(林先味), 이경(李瓊), 맹호성(盟好誠), 고천상(高天祥), 서중보(徐仲輔), 성사제(成思齊), 박문수(朴門壽), 민안부(閔安富), 김충한(金沖漢), 이기(李倚), 배문우(裵文祐) 등 15인의 이름을 밝혀내었다. 이홍직(李弘稙)의 국사대전에 실린 명단보다 6인의 이름이 새로 추가된 것이다.

국사학 대가 이홍직(李弘稙)은 일찍이 그의 역작「국사대사전(國史大事典), 1975」에서 두문동(杜門洞)은 경기도 개풍군 광덕면 광덕산(光德山) 서쪽산기슭에 있던 옛 지명으로 정의하면서, 조선건국을 반대한 고려 유신 신순(申晌), 조의생(曺義生), 임선미(林先味), 이경(李瓊), 맹호성(盟好誠), 고천상(高天祥), 서중보(徐仲輔) 등 72인이 끝까지 고려에 충성을 다하고 지조를 지키다가 순국한 곳이 광덕산 두문동이었다고 설명하고 있다.

이들의 순절(殉節)을 후세의 귀감으로 삼고자 정조7년(1783)에 개성 성균관에 왕명으로 추모사당을 세우게 하였는데, 그 이름이 표절사(表節祠)라는 설명까지 덧붙이고 있다(이홍직, 國史大事典, 동아출판사, 1978, p.448).

최근에 두문동 72현 관련 연구로 성균관대학교에서 석사학위 논문을 쓴 김한기(金漢基) 역시 이홍직의 광덕산(廣德山) 두문동 설을 지지하면서 다음과 같이 이 설을 뒷받침하고 있다(김한기, 두문동 72현의 사적과 유시, 1997).

「我太祖開國太學生 林先味曺義生等七十餘人隱於山中 各杜門不出 因名其山杜門洞 後各避歸 遐鄕以綜」

"우리 태조가 개국하자 태학생 임선미, 조의생 등 고려유생 70여 명이 산속으로 들어가 나오지 않으므로 그 마을 이름을 광덕산 두문동(杜門洞)이라 하였다. 후에 각자 멀리 도망하거나 고향으로 돌아가 일생을 마감하였다."

여기서 태학생(太學生)은 고려의 국자감(國子監)에서 수학하는 선비들을 뜻하며, 산중(山中)은 광덕산 서쪽 기슭을 가리킨다(김한기, 두문동 72현의 事蹟과 遺詩, 성균관대학교 석사학위 논문, 1997).

6) 강원도 정선(旌善) 두문동

강원도 정선에도 두문동이 있었다. 정선군 남면 해발 833m 높이의 서운산(瑞雲山) 아래에는 "거칠현동(居七賢洞)"이라는 마을이 있는데, 이곳이 강원도 정선 두문동(杜門洞)이다. 그리고 7인의 현사(賢士)들이 와서 머문 마을이라는 뜻으로 이름을 거칠현동(居七賢洞)이라 하였다.

〈그림 14〉 정선군 남면 고려유신 칠현비(七賢碑)
1985년 정선군이 세움.
소재지 : 강원도 정선군 남면 거칠현동
자료 : 강원도 정선군, 「정선군지」 상권, 2004.

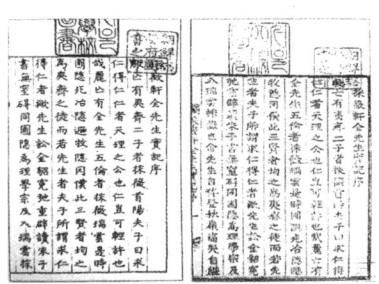

〈그림 15〉 채미헌 全先生 實記
① 채미헌(採薇軒)은 72현의 하나인 전오륜의 호(號)로, 고사리를 캐는 집이라는 뜻이다.
② 실기는 "全先生五倫者가 서운산(瑞雲山)에서 고사리를 캐다"라는 내용이다.

「거칠현동」이라는 이름 자체가 말해주듯, 고려의 유신 72현이 망국의 한을 품고 만수산 두문동에서 숨어 지내다가 그 가운데 강원도 정선 태생인 전오륜(全五倫)을 비롯한 7인은 다시 이성계 일당의 감시를 피하여 이곳 강원도 정선 서운산으로 들어왔던 것이다. 이들은 서운산 산속에서 고사리나물로 연명하면서 충절로 생을 마쳤는데, 그곳이 바로 강원도 정선 두문동으로 알려지는 곳이다.

1985년에 강원도 정선군은 이곳에 「7현비(七賢碑)」를 세우고 그 주인공 전오륜(全五倫), 김충한(金忠漢), 고천상(高天祥), 이수생(李遂生), 신안(申晏), 변귀수(邊龜守), 김위(金瑋) 등 7인의 현사들을 추모하고 있다(김한기, 앞책).

3. 두문동 72현과 관가정 최청(崔淸)

1) 두문동 72현의 유래

 중국의 「사기(史記)」에 의하면, 공자(孔子)의 제자 수는 무려 3천명에 달하였는데, 그 가운데서 수절불이(守節不貳)의 모범을 보인 승당제자(升堂弟子)의 수는 72인이었다고 한다. 「두문동 72현」이라는 용어는 이 공자의 승당 제자수 72인을 상징화(象徵化)한 것이다.

 이 부분에 대하여 1751년(영조27) 9월에 당시 개성 유수 서종급(徐宗伋)이 지은 두문동비의 비각 상량문(碑閣 上樑文)에는 다음과 같은 내용이 실려 있다(杜門洞先生實記, 1809).

「我聖朝受命之初 有此諸公殉節之所 世傳爲七十二子 符孔氏升堂之賢 今至于三百餘年 稱麗朝杜門之洞」

"우리 성조께서 천명(天命)을 받으시던 초기에 이곳에 여러 공신들이 순절을 바쳤으니 세상에 전하는 72현은 공자(孔子)의 승당제자(升堂之賢) 72인에 부합하는 것이다. 이제 3백여 년이 지나서야 고려조 두문동의 절의를 새삼 칭송

하노라."

500여자로 된 서종급의 상량문 첫 부분이다. 두문동 72현의 수는 공자(孔子)의 많은 제자 가운데서 뛰어난 제자 수 72명에 근거한다는 의미이며, 우리 성조(我聖朝)는 태조 이성계를 지칭한다. 또 지우3백여 년(至于三百餘年)이란 영조 27년(1571)을 말한 것이다.

2) 최청(崔淸)의 두문동 실기

최근에 와티문중은 중관 최권흥(崔權興)[7] 선생이 펴낸「두문동 일흔 두 분」이라는 귀중한 책자를 접하였다.

이 책안에는 지금까지 전설로만 전해져온 관가정 최청(崔淸)에 관한 여러 역사적 사실이 자세하게 나와 있다. 그 뿐만 아니라 이색(李穡), 길재(吉再)등과 함께 두문동 입산(入山)을 같이 하였으며 두문동 72현 모두의 이름과 이들의 행적 하나하나까지 조사하여 그 내용을 자세히 싣고 있다. 지금까지 알려진 두문동 72현 관련 자료 가운데서 내용이 가장 풍부한 최신 문헌이다.

관가정 최청(崔淸)에 관한 사항은 39번째로 기록되고 있

---

[7] 중광 최권흥(崔權興) 선생은 현재(2021) 93세의 고령이며, 뛰어난 한학자이다. 중고등학교 학생들의 올바른 역사교육을 위해 중고등학교 역사교사들을 회원으로 하는「한가락모임」을 만들어 중요한 역사 자료 번역과 역사현장 조사활동을 30년째 이끌고 있다.

다. 물론, 여기에서 이름 순위 자체는 편자들이 조사하여 엮은 책의 차례에 지나지 않으므로 큰 의미가 있는 것은 아니다. 중요한 것은 두문동 72현의 명단 안에 누가 들어가느냐 하는 것과 그들의 행적을 얼마나 정확하게 기술하고 있느냐 하는 것이다.

예컨대, 경주최씨 관가정공파 족보에는 최청과 두문동 72현을 관련지어 이를 직접 기술한 내용은 없다. 단지 후손들은 족보에 나와 있는「太祖三訪閉戶不出 太祖 親臨封其山 曰御來山 題其亭 曰觀稼亭 公避居松山」이라는 구절에만 의지하여 공(公)과 두문동 72현(杜門洞七十二賢)과의 관계를 개략적으로 이해해 온 것이 전부였다.

1999년에 중광 최권흥 선생이 심혈을 기울여 펴낸「두문동 일흔 두 분」이라는 이 역사적 자료가 세상에 새롭게 알려지면서 〈표 7〉로서 볼 수 있는 "두문동 72현"의 면면을 확실히 알 수 있게 된 것이다.

여기에 의하면, 관가정 최청(崔淸)의 두문동 입산 사실과 그 시점이 1392년(壬申)이라는 것과 1394년(甲戌)까지 3년간 두문동에 있었다는 것이 역사적 사실로 밝혀진다. 그리고 그 이후의 행적에 대해서도 보다 자세히 살필 수 있게 되었다.

〈표 7〉「두문동 일흔 두 분」의 이름과 마지막 행선지

	성 명		최종관직	최종행선지
	한자	한글		
1	成汝完	성여완	문과, 정당문학	경기도 포천
2	元天錫	원천석	진사, 기천감무	강원 원주
3	李 穡	이 색	문과, 시중	경북 영해
4	吉 再	길 재	문과, 문하주서	선산 금오산
5	李 午	이 오	진사, 공조전서	경남 함안
6	金 澍	김 주	진사, 예의판서	경북 선산
7	權 定	권 정	문과, 좌사간	경북 영주
8	李元達	이원달	문과, 병조판서	절 명
9	具 鴻	구 홍	문과, 좌시중	경기 송도
10	鄭 溫	정 온	문과, 대사헌	진양 우곡
11	趙承肅	조승숙	문과, 부여감무	경남 함양
12	吳國華	오국화	문과, 예의전서	경북 의성
13	金 後	김 후	문과, 직제학	경남 산청
14	柳方澤	유방택	서천현감	충남 서천
15	閔安富	민안부	문과, 예의판서	경남 산청
16	柳 蕃	유 번	문과, 공조판서	경남 합천
17	申 祐	신 우	사헌부장령	경북 의성
18	姜淮中	강회중	문과, 대제학	경기 고양
19	全五倫	전오륜	문과, 정당문학	강원 정선
20	孔 俒	공 은	문과, 평장사	전남 여수
21	金可行	김가행	문과, 보현현감	경남 거창
22	金居翼	김거익	문과, 정당문학	충남 부여
23	金九鼎	김구정	문과, 황간감무	경북 상주
24	金士廉	김사렴	문과, 정당문학	충북 청원
25	金先致	김선치	무과, 전거판서	경북 상주
26	金世英	김세영	한성소윤	전북 부안
27	金承露	김승로	문과, 문하부사	충남 연기

	성 명		최종관직	최종행선지
	한자	한글		
28	金承吉	김승길	함종 현령	전북 고창
29	金自粹	김자수	문과, 형조판서	절명
30	金 濟	김 제	지평해군사	절명
31	金冲漢	김충한	문과, 예의판서	전북 남원
32	盧俊恭	노준공	성리학 연구	전남 광주
33	崔 瀁	최 양	문과, 이부상서	전북 완주
34	李養中	이양중	문과, 형부참의	경기 광주
35	李 璟	이 경	진사, 좌정언	두문동
36	章大莊	장대장	문과, 직제학	경남 거창
37	朴可權	박가권	의주목사	경북 성주
38	玄玉亮	현옥량	문과, 판전의시사	경북 예천
39	崔 淸	최 청	문과, 검교정승	경기 양주
40	朴 愈	박 유	문과, 남편감무	충남 예산
41	晉于蘭	진우란	문과, 집현전학사	전북 남원
42	李攀桂	이반계	문과, 예부상서	두문동 분절
43	朴宜中	박의중	문과, 밀직제학	전북 김제
44	卜渭龍	복위룡	문과, 사온서직장	절명
45	裵尙志	배상지	문과, 판사복시사	경북 안동
46	全 淑	전 숙	문과, 판도판서	충북 옥천
47	沈元符	심원부	문과, 전지판서	경북 청송
48	李中仁	이중인	문과, 평장사	경기 용인
49	趙 狷	조 견	생원, 지신사	경기 의정부
50	朴 翊	박 익	문과, 예부시랑	경남 밀양
51	李 致	이 치	문과, 보문각제학	경남 거창
52	田貴生	전귀생	문과, 밀직제학	충남 홍성
53	玉斯溫	옥사온	진사, 진현관제학	경남 의령
54	李 嶷	이 억	무과, 밀직부사	경북 영풍
55	蔡貴河	채귀하	문과, 제학	경북 상주

	성 명		최종관직	최종행선지
	한자	한글		
56	都膺	도응	문하찬성사	충남 예산
57	白莊	백장	문과, 보문각대제학	전북 장수
58	范世東	범세동	문과, 간의대부	전남 광주
59	徐甄	서견	문과, 간의대부	경기 이천
60	成溥	성부	문과, 형부총랑	전북 고창
61	宋匡輔	송광보	문과, 예부상서	충북 진천
62	申德隣	신덕린	문과, 보문각대제학	전남 광주
63	安俊	안준	문과, 삼도제찰사	경북 예천
64	晉如蘭	진여란	문과, 진원감무	전남 남원
65	林卓	임탁	해남 감응	전남 나주
66	林蘭秀	임난수	공조전서	충남 연기
67	鄭熙	정희	문과, 사헌장령	전남 광주
68	曺繼芳	조계방	문과, 직제학	경남 창녕
69	程廣	정광	문과, 전중판시사	전남 광주
70	車原頯	차원부	문과, 간의대부	경기 평택
71	林隲	임즐	영천 군수	경북 예천
72	林先味	임선미	국자감 태학사	절명

주 : 최종 관직은 고려의 관직임.
자료 : 崔權興 외 3인, 두문동(杜門洞) 일흔두분, 다운샘, 1999.

〈그림 16〉 두문동 일흔 두 분

자료 : 최권홍 외 3인, 두문동 일흔 두 분, 다운샘, 1999.

이상의 내용을 뒷받침하는 최권흥(崔權興) 선생의 관가정 최청(崔淸)에 관한 조사기록 원문과 마지막에 남긴 시(詩) 한 편을 여기에 함께 소개한다.

崔淸

慕松齋在京畿道南楊州郡眞乾面龍井里崔松隱公追慕處也公諱淸字直哉慶州人高祖諱玄培侍中曾祖諱隱贊成事祖諱有慶侍中考諱子雲判蹨常寺事妣豊壤趙氏以忠惠王後位五年甲申生公自幼有異質剛穎過人及長受業於李益齋門下篤學力行恭愍王十年辛丑登文科歷諸華職至政堂文學時辛旽擅權國事日非諫其不可至於面折廷爭王終不聽遂爲辛旽嚴憚之貶信州監務驤興王元年乙卯以檢校侍中召還時三十二歲也癸

亥聘于明朝皇帝賜紫金魚袋翌年甲子還國時群小得志圖謀擅權愾然退隱不問時政及壬申簒位之變與諸賢等入杜門洞各言其志公曰遠適山野誓不出世燋之耕之知者有誰遂隱於楊州豊壤新朝三年甲戌以左贊成累徵終不起新王親臨三訪堅臥不應新王知其不屈封其山曰御裘山其門曰觀稼亭標以淸風高節公歎曰山名御裘吾何居焉乃與松山趙狷公移家松山相對飄懷慨泣下自號松隱居士蓋不忘松嶽也新朝後二十三年甲午九月二十八日卒壽七十一葬于楊州豊壤龍井里兗

> 谷丑生之原與配合窆墓道以遺命不書新朝官書
> 麗朝官爵而堅也配慶州李氏誠中女盆齊從孫有
> 德奉舅姑以孝敬君子以禮忠穆王二年丙戌生新
> 朝後十八年己丑四月二十七日卒壽六十四有四
> 男二女長洲止文科郡守次信止左丞旨次俊止版
> 圖典書次漢止司直二婿金自鑑劉信老也贊曰

자료: 최권홍 외 3인, 두문동 일흔 두 분, 다운샘, 1999, pp.282~283.

「경기도 남양주군 진건면 용정리(龍井里)에 가면 모송재(慕松齋)가 있는데, 최송은공(崔松隱公)을 추모하는 곳이다. 공(公)의 이름은 청(淸)이며 자는 직재(直裁)로 경주인이다.

고조는 이름이 현배(玄培)로 벼슬이 시중(侍中)이었고, 증조는 이름이 습(隰)이며 벼슬이 찬성사(贊城事)였으며, 조부는 이름이 유경(有慶)으로 벼슬이 시중(侍中)이었고, 아버지는 이름이 자운(子雲)으로 벼슬이 판봉상시사(判奉常侍事)였다. 어머니는 풍양조씨(豊壤趙氏)로 충혜왕 5년 갑신년(甲申年)에 공(公)을 낳았다」.

「공(公)은 어려서부터 영특하고 기질이 강직하여 모든 면이 다른 사람보다 월등하였다. 자라서 익재 이제현(李齊賢)

의 문하에서 학문을 닦아 공민왕 10년 신축(辛丑)에 문과 등과 후 여러 화려한 직책을 거쳐 정당문학(政堂文學)에 올랐다. 이때 요승 신돈(辛旽)이 조정권력을 잡아 국사가 날로 그릇되자(國事日非), 공(公)이 어전에서 신돈의 옳지 못함을 간(諫)하고 시비를 논하였으나 임금은 끝내 공(公)의 간청을 듣지 않았다. 공(公)은 마침내 신돈의 미움을 사 신주감무(信州監務)로 내려갔다」.

「그러나 공(公)은 영흥왕 원년[8] 을묘(乙卯)에 검교시중(檢校侍中)으로 승차하니 그때 공(公)의 나이 32세였다. 다시 계해년(癸亥年)에 명(明)나라 사신으로 나가 명황제(洪武)로부터 자금어대를 하사받고 다음해 갑자년(甲子年)에 환국하였다. 이 무렵 뭇 소인들이 꾀를 도모하여 나라 권력을 휘두르므로 공(公)께서는 몹시 분개하고 탄식하며 이로부터 은퇴하여 정치(政治)에 뜻을 두지 아니하였다」.

「임신년(1392) 이성계의 왕위 찬탈(壬申簒位之變)에 반대하여 뜻을 같이하는 여러 선비들과 함께 두문동에 들어갔는데(入杜門洞), 공(公)이 그 뜻을 말하기를 "멀리 산 아래 숨어 맹세코 나오지 않고 나무하며 농사지은들 아는 사람 누

---

8) 영흥왕(永興王)은 고려 제32대 우왕(禑王, 1375~1388)을 가리킨다. 따라서 영흥왕 원년은 우왕 원년(1375) 을묘(乙卯)년에 해당한다(이홍직, 국사대사전, 동아출판사, 1975, p.1951).

가 있으리오(遠遁山野 誓不出世 樵之耕之 知者有維)"라 하였다. 이후 공(公)은 양주 풍양으로 숨어들었다」.

「새 조정 3년 갑술(甲戌)에 태조 이성계가 공(公)에게 좌찬성(左贊成) 벼슬을 제수하여 여러 번 불렀으나 공(公)은 응하지 않았으며, 친히 세 번이나 방문하였지만 끝내 거절하였다. 이에 새 왕은 공(公)이 뜻을 굽힐 수 없다는 것을 알고(知其不屈) 그 산을 어래산(御來山)이라 하였으며, 공(公)이 머문 관가정(觀稼亭)을 두고 청풍고절(淸風高節)의 높은 절개를 표했다」.

「이에 공(公)이 탄식해 말하기를 산 이름을 어래(御來)라 하였으니 내 어찌 여기에 머물겠는가(山名御來吾何居焉) 말하고, 송산 조견(趙狷)과 함께 송산(松山, 지금의 남양주)으로 자리를 옮겨 살면서 서로 비분강개해 눈물을 흘리고 스스로 호를 송은(松隱)이라 하였으니 이는 대체로 고려의 송악을 잊지 않기 위해서였다(蓋不忘松嶽)」.

「조선건국 후 태종14년 갑오(甲午) 9월 18일에 운명하였으며 공(公)의 나이 71세였다. 장지는 양주 풍양 용정리 요곡 축좌(堯谷丑坐)로 정하여 부인 경주이씨와 합장하였으며, 묘도(墓道)의 비석에는 조선의 관직은 넣지 말고 고려의 관직만 쓰도록 유언하였다」.

「부인은 경주이씨 성중(誠中)의 따님이며 익제(益齊)의 종손녀로, 후덕하고 시부모님을 효로써 받들었으며, 남편을 예로서 대하였다(敬君子以禮). 충목왕 2년 병술(丙戌)에 태어나 조선건국 18년 기축(己丑) 4월 27일에 졸(卒)하니 나이 64세였다. 두 분은 4남 2녀를 두었는데, 장남 연지(淵止)는 문과급제 후 군수(郡守)를 지냈고, 차남 신지(信止)는 좌승지(左承旨)였으며, 3남 검지(儉止)는 판도전서(版圖典書)였고, 마지막 4남 한지(漢止)는 사직(司直)이었다. 딸 둘의 사위 하나는 김자갱(金自鏗)이며, 또 하나는 류신로(柳信老)[9]이다」.

다음은 중광 최권흥 선생이 관가정 최청(崔淸)을 추억하며 노래한 글이다.

「遠進深山誓不官 牽牛伏畎維知看
兩城風雨爾顔熱 三訪勞情吾答寒
松號揭楣懷故主 碑銘遺戒絶新奸
今天慷慨何時解 令誨高人撻慝黏」

"멀리 깊은 산속에 숨어 살며 벼슬 않기를 맹세하고

---

[9] 류신로(柳信老)는 족보상의 이름이며, 신도비명에는 유신로(劉信老)로 나온다, 성(姓)은 다르지만 동일인물이다.

소 몰아 밭 갈며 엎드려 김매니(伏畝) 누가 알아 볼 것인가.
두 도읍지의 비바람 뜨겁게 얼굴을 때리는데
세 번이나 방문한 수고로운 뜻에 내 대답은 싸늘하였다.
송(松)이라는 글자를 문 앞에 걸어두고 옛 임금을 회상하니
비석에 유언 남겨 새 조정의 간악함을 끊었네.
오늘의 강개함을 어느 때에 풀 것인가
훌륭하게 사람을 가르쳐서 간특한 무리를 엄히 징계하리라."

4. 두문동 72현의 인물 선정

 이성계는 조선을 건국한 다음에 고려 유신들을 회유(懷柔)하기 위하여 그들의 후손들을 우대하고 각가지 벼슬을 주어 조용(調用)하기 시작하였다. 이러한 조치들은 조선후기에 와서 두문동 72현에 대한 평가를 달리하면서 더욱 적극적으로 실시되었다.
 예를 들어, 정몽주(鄭夢周)는 태종1년에 영의정부사로 추증되고, 그의 아들 정종성(鄭宗誠)은 판전농시사(判典農侍事)의 관직을 받았으며, 길재(吉再)의 후손 길사순(吉師舜)은 세종대에 벼슬을 하였다. 영조대에 와서는 두문동 72현

인 임선미(林先味), 조의생(曺義生), 김주(金澍), 김제(金濟), 박문수(朴門壽) 등을 표절사(表節祠)에 배향하여 그들의 순절을 기리도록 하였다.

그런가 하면, 관가정(觀稼亭)공에 대해서는 세종11년 (1429)에 「高麗守節臣崔淸忠節載於 政院日記 直孫則承蔭收用…考講軍簿雜役一切勿侵」, 이라 하여 "고려 충신 최청(崔淸)은 그의 충절이 정원일기(政院日記)[10]에 실려 있으므로 그의 직손에게는 벼슬을 내리고 군적을 상고하여 일체의 잡역을 금하도록 하라."는 전교가 있었다.

다시 영조는 「列聖朝傳旨 崔淸直孫 各別收用 編於賤役者 一切 攷定勿侵事」라는 어지(御旨)를 내려 "최청(崔淸)의 직손에 대해서는 특별히 벼슬을 주고(各別收用) 천역에 드는 자가 일체 없도록 상고하라."하였다(英祖25년 己巳條).

조선후기에 들어서면서 고려 말에 절의를 지킨 유신들과 두문동 72현에 대한 인식에 변화를 가져오자 학계에서는 두문동 72현의 존재와 그의 인물구성에 대하여 새로운 관심을 갖게 되었다. 그 내용은 첫째, 역사학자들은 두문동 72

---

10) 정원일기(政院日記)는 일명 승정원일기(承政院日記)라고도 한다. 조선시대에 궁중에서 일어난 왕의 동정에서부터 조정에서 논의된 왕과 신하들 사이의 중요 국정사항을 기록해 둔 일기형식의 문서이다. 세종시대부터 순종(1907)때까지 기록한 것이 총 3,243책으로, 현재 서울대학교 규장각에 소장되어 있다. 이 안에는 고려 충신 최청(崔淸)과 그의 후손들에 대하여 각별히 우대하라는 왕의 전교(傳敎)도 들어 있다.

현의 인물 선정이 어떻게 이루어졌으며, 둘째, 그 기준은 무엇이며 객관적 타당성을 지니고 있는가 하는 것과 셋째, 72현의 후손들은 자신들의 가문의 명예와 관련 지어 자기 조상의 이름이 두문동 72현의 명단에 들어있는가에 대하여 얼마나 관심을 가졌는가 하는 것 등이었다.

이러한 과정에서 1872년(고종9)에 두문동 72현의 하나인 이행(李行)의 후손이 기우이행(騎牛李行)의 문집[11]을 통해「두문동 72현록」을 처음으로 내놓았다. 그 52년 뒤인 1924년에는 역사학자 강효석(姜斅錫)이 전고대방(典故大方)이라는 책자를 통하여「고려 두문동 72현인」을 밝혔다.

이로부터 74년 뒤인 1999년에는 최권흥(崔權興) 외 3인이「두문동 일흔 두 분」의 책자를 발간하여 두문동 72현의 인물을 새로 정리하여 제시하였다. 이것이 가장 최근에 밝혀진 두문동 72현의 인물록이다. 이 책에서 관가정 최청(崔淸)이 두문동 72현의 한 분이었다는 사실과 함께, 임신년(1392)에 입산하여 갑술년(1394)년에 두문동을 나왔다는 것이 사실로 밝혀졌다.

위의 세 자료에 수록된 두문동 72현의 인물구성을 서로

---

11) 이행(李行)의 문집은 그의 호를 따서 기우집(騎牛集)이라 한다. 이행(李行)은 72현의 하나로, 고려가 망하자 만수산 두문동으로 입산하였으며, 다시 예천에서 숨어 지내다가 80세에 돌아갔다. 그의 후손 이중술이 1872년에「기우선생유고」를 발간하였는데, 이것이 기우집의 모태를 이루었다(부대사학, 제22집, 1998, p.104).

비교해보면, 아래와 같다.

〈표 8〉 기우집(騎牛集)의「두문동 72현록」

> 정몽주, 김주, 김존오, 정구, 최양, 길재, 남을진, 임선미, 원천석, 조의생, 맹유, 도웅, 이사지, 도동명, 김자수, 장안세, 정광, 국유, 한철중, 나천서, 성부, 이명성, 이색, 정지, 하자종, 이의중, 김진양, 안성, 이사경, 조충숙, 허미, 최문한, 서견, 신덕린, 맹희덕, 김약항, 배상지, 이석지, 이행, 변숙, 김광치, 이종학, 이양소, 민유, 문익점, 임귀연, 조희직, 김사겸, 김승길, 조유, 김제, 조철산, 범세동, 구홍, 윤충보, 성사제, 김충한, 유순, 박문수, 민안부, 채왕택, 송민, 최칠석, 차원부, 김자진, 조윤, 김약시, 정온, 이위, 송인, 곽추, 채귀하   이상 72인

① 기우집(騎牛集)은 1872년(고종9)에 72현의 1인인 李行의 호 기우(騎牛)를 따서 만든 문집임.
② 이 자료에 의하여 두문동 72현의 이름 전부가 처음으로 공개됨.
③ 정몽주 등 두문동 이전의 인물이 다수 포함되어 있어 인물선정 기준에 문제가 제기됨.
자료 : 騎牛集, 권二, 杜門洞七十二賢錄, 1872(고종9).

〈표 9〉 전고대방(典故大方)의「고려두문동 72현인」

> 우현보, 조의생, 임선미, 고천상, 전귀생, 이숭인, 이맹예, 유순, 전조생, 조승숙, 채귀하, 서보, 변숙, 박심, 신안, 박영, 김충한, 고천우, 서충보, 조안경, 이색, 이유, 조견, 허금, 이수인, 정희, 길재, 원천석, 김주, 최양, 전오륜, 조홍, 김자수, 이사경, 이수생, 김약시, 남을진, 이행, 이륜, 이의중, 서견, 임탁, 김육비, 변귀수, 안종포, 김준, 윤육, 박침, 배상지, 구홍, 이유인, 박문수, 이석지, 성사제, 민보, 임즐(騭), 차원부, 최문한, 신석, 신자악, 김위, 민안부, 신덕린, 신포혈, 박의중, 이양소, 박태시, 이경, 맹호성, 길인적, 신미, 유번   이상 72인

① 전고대방(典故大方)은 조선시대 말의 학자 강효석(姜斅錫)이 1924년에 펴낸 인물대백과사전이다.
② 72현에 조선 개국 이후의 고려 유신들만을 명단화 한 것이 특징이다.
자료 : 강효석, 典故大方, 高麗杜門洞 七十二賢人, 1924.

〈표 10〉 최권흥의 「두문동 일흔 두 분」

> 원천석, 성여완, 이색, 길재, 이오, 김주, 권정, 이원달, 구홍, 정온, 조승숙, 오국화, 김후, 유방택, 민안부, 유번, 신우, 강회중, 전오륜, 공은, 김가행, 김거익, 김구정, 김사렴, 김선치, 김세영, 김승로, 김승길, 김자수, 김제, 김충한, 노준공, 최양, 이양중, 이경, 장대장, 박가권, 현옥양, **최청**, 박유, 진우란, 이반계, 박의중, 복위룡, 배상지, 전숙, 심원부, 이중인, 조견, 박익, 이치, 전귀생, 옥사온, 이억, 채귀하, 도웅, 백장, 범세동, 서견, 성부, 송광보, 신덕린, 안준, 진여란, 임탁, 임난수, 정희, 조계방, 정광, 차원부, 임즐(林騭), 임선미 이상 72인

① 「두문동 일흔 두 분」은 최권흥 외 3인이 108곳의 두문동 72현 관련 유적지를 직접 답사하고, 그들의 문중 족보, 실기(實記), 행장(行狀) 등을 대조하여 만든 책이다.
② 책의 저술 동기를 후세교육을 위한 올바른 역사자료 발굴에 둔 것이므로, 72현의 인물선정에 있어서 어느 쪽에도 치우치지 않은 것이 이 책의 특징이다.
자료 : 최권흥 외 3인, 두문동 일흔 두 분, 다운샘, 1999.

〈표 8〉의 「두문동 72현록」에서는 두문동 이전의 인물인 정몽주, 이존오, 이종학 등 6인이 포함되었다는 이유를 들어 인물 선정이 부적절하다는 비판이 있다.

〈표 9〉의 「고려두문동 72현인」 역시 개성과 개성 가까운 황해도를 중심으로 한 유학계통(儒學系統)의 고려 유신들을 주로 선정하였다는 비판이 있다.

〈표 10〉의 최권흥(崔權興)의 「두문동 일흔 두 분」에 한해 그 내용을 좀 더 분석하면, 임선미(林先味), 전귀생(田貴生), 이색(李穡), 길재(吉再) 등 26인에 대해서는 이전의 자료를

존중하여 그대로 실었으나, 정몽주(鄭夢周), 이종학(李鍾學), 이행(李行) 등 40여 명에 대해서는 기존의 명단에서 제외시켰다.

그 이유는 자세히 알 길이 없으나 아마도 두문동 이전의 인물은 제외시킨듯하다. 대신에 성여완(成汝完), 전오륜(全五倫), 최청(崔淸) 등 37인을 새 인물로 선정하여 추가하였다. 최권흥「두문동 일흔 두 분」에서 새로 선정된 37인의 명단을 별도로 살펴보면, 다음과 같다.

성여완, 김선치, 전숙, 이오, 김세영, 심원부, 김승로, 이중인, 권정, 이치, 이원달, 옥사은, 이억, 노준공, 오국화, 이양중, 백장, 유방택, 장대장, 송광보, 박가권, 안준, 신우, 현옥양, 이원달, 강회중, 임난수, **최청**, 박유, 공은, 진우란, 조계방, 김가행, 이반계, 김거익, 김구정, 복위룡 이상 37인.

이와 같이 최청(崔淸)은 임신년(1392) 7월 이성계의 신조 창업에 격분하여 목은 이색(李穡), 야은 길재(吉再) 등과 더불어 만수산 두문동으로 입산해 고려왕조의 부활(復活)을 도모하였다.

조견(趙狷)과는 두문동에서 나와 양주 송산(松山)으로 다시 숨어들었으며, 원천석(元天錫)과는 원주 치악산(雉嶽山)에서 우왕부자(禑王父子)의 추모제를 지낸 후 만수산 두문동에서 다시 합류하였다. 두문동72현 중 최청과 교류가 깊었던 대표적인 인물들이다(華海師全, 1935).

그러나 〈표 10〉의「두문동 일흔 두 분」에서도 다 아는 성사제(成思齊), 박문수(朴門壽) 등을 인물 선정에서 제외시킨 것은 역시 비판의 여지가 있다(釜大史學, 제22집, 1998).

V. 관가정 최청(崔淸)의 유적

1. 묘소(墓所)

관가정 최청(崔淸)의 묘소는 경기도 남양주시 진건읍 용정리 요곡(堯谷) 남서방향 축좌(丑坐)에 자리 잡고 있다. 묘역은 3단으로 조성되어 있으며, 봉분에는 호석(護石)을 두르고, 그 앞에 상석과 묘표, 망주석이 서있다.

공(公)은 고려 충혜왕5년(1344)에 태어나 조선 태종14년(1414)에 향년 71세로 졸하자 처음에 경기도 남양주시 호평동(好坪洞) 세장산에 묻었다가 1800년대 말경에 바로 이곳 용정리 요곡으로 옮겨 왔다고 전한다.

아내 경주이씨와 합장묘를 썼으며, 묘 앞에 세운 비석 앞면에는 공(公)의 유언대로 조선의 관직은 넣지 않고 고려의 관직만 넣어 「高麗檢校政丞 觀稼亭 慶州崔先生 諱淸之碑」라 새겨져 있다.

처음에 세운 비석은 1955년(乙未) 봄에 건립하였다. 자재를 청석(靑石)으로 하였으며 비신도 짧았으나, 2008년에 후손들이 뜻을 모아 묘소 옆에 오석(烏石)으로 된 새 비를 세웠다. 후예 근덕(根德)이 비음기를 남겼으며, 비석 전면의 비명은 변함없이 공(公)의 고려 마지막 관직만 새겨 넣었다.

공(公)의 영단(靈段) 한 계단 아래에는 장남 수안공 연지(淵止)부부의 묘가 자리해 있고, 그 우측에는 손자 경동(敬소)과 경충(敬忠), 증손 계종(繼宗)의 묘가 위치해 있다. 묘역의 범위는 남양주시 진건읍 용정리 산49번지 임야 4,026평(13,289㎡)이다.

〈그림 17〉 觀稼亭公 淸의 墓所
위치 : 京畿道 南楊州市 眞乾邑 龍井里 下燭亭 堯谷
자료 : 최낙영, 慶州崔氏 觀稼亭 崔淸의 史錄, 미발표문(4책), 2021.

〈그림 18〉 2008년 새로 세운 관가정공 묘비
자료 : 경기도 성남거주 후손 최효신 제공.

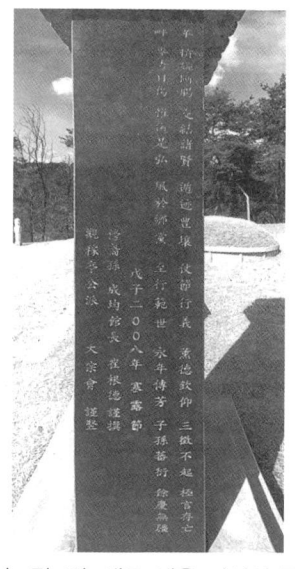

〈그림 19〉 새로 세운 비석의 뒷면
자료 : 좌동.

〈그림 20〉 1955년에 처음 세운 비석
자료 : 경주최씨 관가정공파 대종회, 최봉환 제공.

2. 모송재(慕松齋)

　모송재(慕松齋)는 경기도 남양주시 진건읍 용정리 하독정에 위치하며, 관가정 최청(崔淸)을 추모하기 위해 지은 재실이다.

　모송재(慕松齋)는 본채와 정문 및 행랑채로 된 세 채의 건물로 지었다. 정문의 이름은 공(公)의 정신을 표상하는 절의문(節義門)이라 하였고, 본채 정면에는 크게 모송재(慕松齋)라 쓴 현판을 걸었다. 모송재는 정면 4칸, 측면 2칸으로 되어 있다. 재실 이름을 모송재(慕松齋)라 한 것은 고려의 상징인 송도(松都)를 잊지 못한데서 연유한 것이다.

　모송재의 건립연도는 모송재기(慕松齋記)를 입수한 「남양주시 시지 1권(1998)」에 의하면 단기 4293년, 서기 1960년이다. 처음에는 초가 3칸의 제물 준비용 작은 집이었으나 1958년 관가정공파 중앙총친회를 창립하고, 초대회장에 최영범(崔榮範)이 취임하면서 추진하여 새로 건립한 것이다. 재(齋)의 이름과 현판의 제작도 이때 이루어졌으며, 당시 서예 대가 이병희(李丙熙) 선생이 현액(懸額)을 남겼다.

　1978년에 간행된 관가정공파 세보와 1994년에 간행된 관가정공파 영사보에 의하면, 관가정 후손들은 해마다 음력

10월 초6일을 기해 이곳 모송재에 모여 1년에 한번 반드시 제사를 모시는 "세일제(歲一際)"를 지낸다. 여기에는 청(淸), 연지(淵止), 경동(敬仝), 경충(敬忠), 네분을 모시며, 이것을 관가정공파 대종회는 가장 큰 연중 행사로 기념한다(남양주시, 남양주시지, 1권, 1998).

이후 모송재는 「경주최씨 관가정공파 중앙종친회」 사무실로도 쓰였으며, 최치원기념관이 건립되기 전까지 관가정공파 대종회 정기총회를 매년 여기에서 개최하였다. 그러나 지금은 최치원기념관 건립과 함께 허물어 자취를 감춘지 오래 되었다.

〈그림 21〉 모송재(慕松齋)

위치 : 南楊州市 眞乾邑 龍井里
자료 : 최낙영, 앞책.

〈그림 22〉 慕松齋의 정문 : 節義門
바깥벽 우측에「경주최씨 관가정공파 중앙종친회」의 간판이 있음.
자료 : 상동.

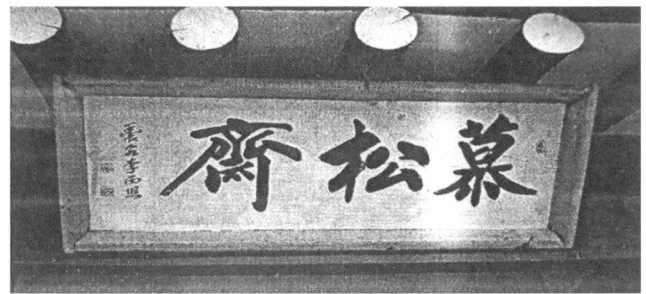

〈그림 23〉 慕松齋 현판
1960년 서예가 이병희(李丙熙) 선생의 작품이며, 모송재의 중앙 정면에 걸려 있다.
자료 : 상동.

〈그림 24〉 모송재기(慕松齋記)
단기 4293년(1960) 庚子 小春 淸의 후손 한묵(韓黙) 씀.
자료 : 상동.

3. 신도비(神道碑)

　신도(神道)라는 말은 사자(死者)가 생시에 걸어온 신령(神靈)의 길이라는 뜻이다. 신도비(神道碑)는 사자의 무덤 앞에, 또는 무덤으로 가는 길목에 사자가 남긴 생전의 사적(事蹟)을 적어 이를 비석으로 세워 기리는 것을 말한다.

　예부터 이러한 신도비는 아무나 세우는 것이 아니고 왕이나 고관에 한정하였다. 고려시대에는 정·종3품 이상의 관직자에게만 세우게 하였으며, 조선시대에는 정·종2품 이상이거나 이에 준하는 공신(功臣), 석학(碩學)이 아니면 신도비를 세우지 못하도록 법으로 정하였다.

　홍릉(洪陵)의 세종대왕 신도비, 충남 아산의 이순신장군 신도비, 고운 최치원 선생의 함양 상림(上林) 신도비, 경주 상서장(上書莊) 신도비, 가야산 홍류동(紅流洞) 신도비, 충남 보령(保寧) 신도비 등은 모두 이러한 예에 쫓아 세운 것들이다.

　현재 경기도 남양주시 진건읍 송정로 관가정공 묘소앞에는 1924년에 건립한 관가정 최청(觀稼亭 崔淸)의「신도비(神道碑)」가 서 있다.

　파보에 의하면, 이 비석은 1924년(甲子) 중춘에 경기도 양주군 진건면 용정리 모송재(慕松齋) 옆에 세웠으며, 당시에 한말 강원도관찰사를 지낸 안동권씨 권익상(權益相)이 비명을 지었는데, 글자 수는 세로 44자(字), 가로 18행(行)으로 총 790자로 되어 있다. 비의 크기는 높이 180cm, 폭 62cm, 두께 30cm이며, 대석에 옥개석(屋蓋石)을 씌운 형식으로, 아직도 비신의 보존상태는 양호한 편이다(양주군, 양주군지 하권, 1992).

비문의 내용은 공(公)의 생몰(生沒)연대와 가계를 간단히 밝히며, 문과(文科) 후 고려조의 관직과 업적을 상고(相考)하고, 고려왕조를 대신한 이성계(李成桂)의 새 왕조에 저항하여 목야(牧冶) 등 제현과 더불어 두문동(杜門洞)에 입산하였다는 사실과, 끝까지 불사이군(不事貳君)의 정절을 지켜 스스로 호를 송은거사(松隱居士)라 짓고, 훗날 양주 풍양(豊壤)으로 내려와 은거하다가 태종 갑오(甲午, 1414) 9월에 졸(卒)하였다는 것이 요지이다.

족보를 통해 알 수 있는 것 이상으로 관가정공(觀稼亭公)에 관한 사적을 풍부하게 고증(考證)하고 있으며, 공(公)의 인품과 기개를 그대로 엿볼 수 있다. 누구나 이 비명의 내용을 눈여겨 살피면 근찬자 권익상(權益相) 선생의 높은 식견과 명문에 감동하지 않을 수 없을 것이다. 관가정 최청(崔淸) 공의 신도비명 원문과 번역전문을 소개하면, 아래와 같다.

高麗檢校政丞觀稼亭崔先生神道碑銘 幷序

立朝而犯顏直諫臨亂而仗節守義者非其所學之正見理之明烏可能也歷稽史牒盖絕無而僅有余於觀稼亭崔先生不勝
景慕焉謹按公諱清字直哉姓崔氏貫慶州新羅時孤雲先生諱致遠倡明道學稱爲天儒選入唐朝擢甲科官至侍御史聲名
聞天下實爲鼻祖隱後從祀　聖廟有諱承老相高麗成宗斥佛崇儒封淸河候諡文貞諱齊顏諡恭順諱玄培侍中大提學於公
爲高祖也曾祖諱隱贊成事祖諱有慶道巡察使考諱子雲於一世大儒少其從孫妻之恭愍王甲生公公生有異質聰明過
人未弱冠受業於益齊李先生門篤志力學先生亟稱曰必爲一世大儒以其從孫妻之恭愍王辛丑登文科調寶文閣學士明
年十月紅賊階海西勢甚急王去邠南幸公扈駕而至福州翌年賊平陪王在淸州翌年還都公執鞀左右鞠躬盡瘁勳
績尤多以功陞政堂文學乙巳拜中書侍郎時辛旽擅權舉朝靡然趨附公上疏駁之每至上前輒叱旽嚴憚之王亦不悅爲南路
宣諭使以廉直聞癸亥聘于大明皇帝賜紫金魚袋旱中抗疏亨辛旽矢乃兩遂投紱歸鄕乙卯以僉議中贊召戊午出爲南路
按廉所斥貶信州監務滋政三月治化大行男女異路因早邊拜檢校政丞見群小得志慨然退隱不聞時政及我　太祖鼎革與
來隱因公貴生等諸賢入杜門洞掛朝天冠戴蔽陽笠登不朝峴各言志公日遠隨山野誓不出世樵之耕之我亦不悅爲南路
標以楊州之豊壞太祖三年徵以左贊成不起御駕日山名回遠隨山野誓不出世樵之耕之我
於楊州之豊壞太祖三年徵以左贊成不起御駕三柱閉戶不出　太祖知其不屈封其所居山名回遠山野誓不出世樵之耕之
於東國淸風西山高節公歎日山相對軏懷慨泣不自號松隱居士盖不忘松
嶽也嘗至花石亭歌數穗而自傷開者悲之太宗甲午九月二十八日卒葬于楊州豊壞讀亭堯谷坐之原至今稱崔政丞墓
洞配慶州李氏左議政靖順公諱誠以女菊堂月城君蒨孫有賢德奉舅姑以禮處姒娣以睦博涉經史有女士風
以恭愍王丙戌生太宗已丑四月二十七日卒葬祔公墓有四男二女男長澗止男敬全文郡守敬忠參奉贈左承旨敬義進士敬成副司直信止男智潤奉
常副正敬浩縣監儉止男澈邇號三樂仁溥將仕郎德成典敎令漢止男澈仲僉正其餘內外孫不錄嗚呼公以通鍊之才早登
文科羽儀王庭挾有爲値屋鏟跡人世抱至忠而卒惜
哉雖然公歿而其義聲烈烈照人耳目使有志之士感慕而起敬此非論之公屈於一時而伸於百世於公何慨焉舊有碑年
久字刓且不中式而其後孫鶴基熙龍基贊海諸賢夫公之盛德大義久而滉伐石將樹之隱亭有墓若堂英靈不昧
哉公之義以執役爲榮遂爲之銘銘日不避強聾忠也不貳其節義也能盡於此二者人倫之至也睹彼讀亭有墓若堂英靈不昧
曄曄有光遺風肅然懦者以立　嗚呼由此而行何所而不入淑人君子其儀不忒千載在後我銘其德
疆圉單閼 甲子仲春上澣

嘉善大夫行 江原道觀察使 安東權益相 謹撰

주 : 1) 경주최씨 관가정공파 세보, 권1(1978)의 신도비명은 비석의 원문과 틀려 이를 새로 정리하였으며, 근찬자
권익상(權益相)의 직함도 비명에 적힌 대로 행강원도관찰사(行江原道觀察使)로 바로 잡는다.
2) 내용에 공민왕 병술(恭愍王 丙戌)은 충목왕 병술(忠穆王 丙戌)로 하는 것이 맞을 것이다.

관가정 최청(崔淸)의
신도비명(神道碑銘) 번역문

「조정에 서서 임금을 마주하여 직간을 하고 어지러운 때를 당하여 절개를 세워 의(義)를 지키는 일은 그의 배운 바가 바르지 않고 의리가 맑지 않고서는 어찌 감히 할 수 있으랴. 역사를 상고하여도 그러한 이가 흔치 않은데, 오직 관가정 최공(觀稼亭 崔公)이 그 중 한분이었으니 참으로 공경하고 흠모해 마지하지 않을 수 없는 바이다.

삼가 살피건대, 공(公)의 이름은 청(淸)이요 자(字)는 직재(直哉)이며, 성은 최씨(崔氏)로 관향은 경주(慶州)이다. 시조 최치원(崔致遠)은 도학을 처음으로 밝혔으니 하늘이 내리신 분이며, 후손 승로(承老)는 고려 성종(成宗)때의 정승으로 불교를 배척하고 유학(儒學)을 부르짖어 청하후(淸何侯)의 작위와 문정공(文貞公)의 시호를 받았으며, 후손 제안(齊顔)은 시호가 순공(順恭)이고, 현배(玄培)는 시중대제학이니 공(公)의 고조이다. 증조는 이름이 습(隰)으로 찬성사였으며, 조부는 이름이 유경(有慶)으로 양광도순찰사였으며, 아버지 자운(子雲)은 벼슬이 판봉상시사에 올랐고, 어머니는 풍양조씨(豊壤趙氏)이다.

충혜왕(忠惠王) 갑신에 공(公)을 낳으니 어릴 적부터 자질이 남달라 총명하고 뛰어나 약관(弱冠)에 익재 이선생(李先生) 문하에서 수학하였는데, 선생은 그 뛰어난 자질을 크게 기특하게 여겨(大奇) 자신의 종손녀(從孫女)와 혼인하게 하였다. 공민왕(恭愍王) 신축년에 과거급제로 보문각학사에 임명되었으며, 다음에 10월에는 홍건적이 해서(海西)로 침입하여 세태가 급박하자 왕이 수도를 떠나 남행(南行)하게 되었을 때에 공(公)은 왕을 호위하여 복주(福州)에 이르게 되었다. 이때 공(公)은 어가 좌우에서 말고삐를 힘을 다해 잡은 끝에 병을 얻게 되었다. 이에 훈적을 쌓은 공(功)으로 정당문학에 올랐다.

을사년에는 중서시랑을 제수 받았는데, 이때 요승 신돈(辛旽)이 정권을 천단(擅斷)하므로 여러 조정백관이 신돈의 권세에 아부하였지만, 오로지 공(公)만이 상소하고 번번이 임금 앞에서 그를 논박(論駁)하였다. 이 일로 신돈의 미움을 산 공(公)은 신주감무(信州監務)로 좌천되었다. 그러나 공(公)은 감무부임 8년 만에 선정을 크게 베풀어 치적을 남기므로(治化大行), 을묘년에 첨의중찬(僉議中贊)으로 승차하여 다시 내직으로 들어왔다.

무오년에는 남로선유사로 나아가 성실히 임무를 수행하

였다. 계해년에는 명(明)나라에 사신으로 나가 갑자년에 환국하면서 명(明) 황제로부터 자금어대까지 받았으며, 갑자년에 돌아와서는 검교정승을 받았다. 그러나 이 무렵 어지러운 고려정국을 틈탄 소인배들이 잘못된 뜻을 세워 새 정권에 빌붙어 날뛰므로 공(公)은 분연히 벼슬을 버리고 물러나 숨어 지내면서 정치에 관여하지 않았다.

 드디어 이성계가 새 나라를 세우므로 공(公)은 목은과 야은 등 여러 현사들과 함께 두문동(杜門洞)에 들어가 부서진 삿갓으로 햇빛을 가리고 등조하지 않았다. 이에 각자의 뜻을 말하는데, 공(公)은 이르기를 "산야에 깊이 숨어 맹세코 세상에 나가지 않고 나무하고 밭 갈면 그 누가 알겠는가"라 말하였다. 공(公)은 이후 양주 풍양으로 다시 숨어 들었다.

 태조는 건국 3년에 공(公)을 좌찬성(左贊成)에 제수하고 신 조정에 출사를 청하였으나 공(公)은 태조 3방(訪)에도 끝내 문을 닫고 나아가지 않았다(御駕三枉閉戶不出). 태조는 공(公)의 불굴의 절개를 알고 공(公)이 은둔한 산 이름을 어래산이라 하였으며, 공(公)이 머문 집을 "관가정"이라 하여 동국청풍서산고절의 뜻을 표하였다. 이에 공(公)이 탄식하면서 내 어찌 태조가 이름 지은 산속에 더 이상 머무를 수 있겠는가 하고, 송산 조견과 함께 거처를 양주 송산(松山)으로 옮겨 스스로 호를 송은거사(松隱居士)[12]라 하였으며, 저 멀리 화석정(花石亭)에 나아가 보리 패는 모습을 보고 슬퍼하였다(至花石亭 歌麥秀而自像).

태종 갑오(甲午) 九월 二十八일 공(公)이 별세하니 양주 풍양 독정리 요곡(讀亭里 堯谷) 축좌에 장사하였다. 배위는 경주이씨 좌의정 성중(誠中)의 따님이며, 국당(菊堂) 월성군 이천(李蒨)의 손녀이다. 어질고 덕이 있어 효로써 부모를 받들고 군자를 예로 공경하였으며, 축리(妯娌)간에는 화목을 이루었다. 충목왕(忠穆王) 2년(1346) 병술생이며 태종 기축(己丑) 四월 二十七일에 별세해 공(公)의 묘에 부장(附葬)하였다.

공(公)은 四남二녀를 두었다. 장남은 연지(淵止)로 문과 후 수안군수를 하였고, 차남은 신지(信止)로 좌승지를 지냈으며, 三남은 검지(儉止)로 판도전서이고, 마지막은 한지(漢止)로 사직을 지냈다. 중추부사 김자갱(金自鏗)과 사직 류신로(柳信老)는 두 사위이다. 이 밖에 내외손이 많으나 여기에 다 기록하지 않는다.

아 슬프도다(嗚呼), 공(公)이 통련(通鍊)의 재질로 일찍이

---

12) 또 하나의 자료에는 공(公)이 양주 풍양에서 숨어지낼때에 "멀리 산야에 숨어서 나무하고 밭갈면 그 누가 알겠는가 하고 스스로 호(號)를 관가정이라 하였다(楊州豊壤之自號 觀稼亭)"라는 내용이 있다(파보, 권1, 1978, p.61).

급제하여 장차 태평성대의 왕정을 이루려 하였으나 간흉(奸兇)들이 정권을 전횡하므로 그 뜻을 펴지 못하고 말았다. 고려가 망하자 통한을 안고 돌아갔으니 안타깝도다. 그러나 비록 공(公)은 돌아갔으나 그가 남긴 의(義)로움은 열렬하여 사람들의 이목을 비추니 뜻있는 선비로 하여금 감탄하고 흠모하게 한다.

　이로써 논할진대(由是論之), "한때를 굽히면 백세가 잘된다(屈於一時而伸於白世)"하였으나 공(公)이 어찌 그렇게 하였겠는가. 공(公)의 묘소에 옛날의 비석이 있었는데, 세월이 오래되어 글자가 깎이고 또 내용 중에 격에 맞지 않는 것이 있어서, 어진 후손 학기(鶴基), 면희(冕凞), 용기(龍基), 덕기(德基), 찬해(贊海) 등이 공(公)의 성덕과 대의를 사모해 돌을 깎아 묘 앞길에 새로 비를 세울 때에 나에게 글을 청하므로 일찍이 공(公)의 의로움을 흠모해온 나는 그 청을 듣기로 하였다.

　기록에 새겨 이르기를 큰 재앙을 피하지 않는 것은 충(忠)이요, 두 조정을 섬기지 않는 것은 의(義)라 하였다. 공(公)은 능히 이 두 가지 절의(節義)를 다 지켰으니 인륜의 지극함이로다. 저 독정리(讀亭里)를 돌아다보니 집과 같은 묘가 있고, 사당이 있어 영혼이 어둡지 않으니 빛나고 빛나도다.

유풍(遺風)이 숙연하니 어리석은 사람도 멈추어 서게 한다. 아(嗚呼), 이와 같이 행한다면 어느 곳엔들 못 살 것인가. 숙인군자(淑人君子)의 도리에 어긋남이 없었으니 오랜 세월 뒤에 내가 그 덕을 기려 이를 비에 새기는 바이다(我銘其德).」

갑자(甲子) 단기 4257년, 서기 1924년 중춘 상원(仲春 上浣)
가선대부행 강원도관찰사 안동 권익상(權益相) 근찬

〈그림 25〉 관가정공 신도비(뒷면)
소재지 : 경기도 남양주시 진건읍 용정리 관가정공 묘소 앞
자료 : 대종회 사무총장 최봉환 제공.

〈그림 26〉 관가정공 신도비(앞면)
소재지 : 좌동.
자료 : 좌동.

4. 도충사(道忠祠)[13]

충청남도 서천군 한산면 온산리에 위치하는 문창후 최치원 시조의 위패를 모시는 사당이다. 한산면(韓山面) 온산리에서 동쪽으로 약 6.5km 떨어진 지점에 위치한다.

이 사당에는 관가정 최청(崔淸)의 영정과 후손 충의공 최몽량(崔夢亮)의 위패가 함께 모셔져 있는데, 매년 음력 3월 15일에 향사(享祀)를 지낸다.

〈그림 27〉 도충사에 봉안된 관가정공 영정

소재지 : 충남 서천군 한산면 온산리

1907년에 충남 부여군 양화면 오전리 정사동에서 "영모재(永慕齋)"라는 이름으로 처음 사당을 건립하였으나 1913년에 후손 최종수의 주선으로 현재의 위치인 충남 서천군 한산면 온산리로 이전하면서 사당을 새로 꾸미고 이름을 도충사(道忠祠)로 바꾸었다(서산문화원, 서산군지 上, 2005).

---

13) 도충사(道忠祠)의 소재지를 충남 부여군 임천면(林川面)으로 표기한 경주최씨 관가정공파 세보 권1(1978)의 기록은 위의 지명인 충남 서천군 한산면 온산리로 바로 잡아야 할 것이다.

건물구조는 사당 본채와 대문 및 동재와 서재로 되어 있으며, 본채는 앞면 3칸, 옆면 2칸의 팔각지붕으로 지어져 있다.

〈그림 28〉 도충사(道忠祠)
소재지 : 좌동, 자료 : 최효신 제공.

전신인 영모재와는 군(郡)의 관할만 다를 뿐, 서쪽 산등성이 하나만 넘으면 바로 찾을 수 있는 위치에 있다.

5. 부성사(富城祠)

부성사(富城祠)는 충청남도 서산시 지곡면 산성리(山城里)의 부성산(富城山) 아래에 있는 사당(祠堂)이다. 신라 말의 대학자 고운 최치원(崔致遠) 선생을 기리기 위해 선조 재위 시(1567~1608)에 건립하였다.

사당 이름을 부성사(富城祠)라 한 것은 통일신라시대에 지금의 충남 서산시(瑞山市)를 부성군(富城郡)이라 칭한 데서 유래한다. 부성사에 특별히 고운 최치원 선생을 배향(配享)

한 것은 그가 진성여왕 7년(893)에 이곳 부성군 태수(富城郡 太守)로 부임하여 훌륭한 치적을 남겼다는 이유에서이다(고운 최치원도서관 인터넷사이트, 2021.2).

부성사와 관가정공(觀稼亭公)과의 관계는 한말 대원군(大院君)에 의해 훼철(毀撤)된 부성사를 지곡면 일대의 경주최씨 최청(崔淸)의 후손들이 힘을 모아 1913년에 크게 재건할 때에 관가정 최청의 위패(位牌)를 함께 모시면서 시작되었다.

당시 이 일을 주도한 인물이 시조 18세 최몽량(崔夢亮)의 넷째아들 최사(崔泗)이다. 그의 아버지 몽량(夢亮)은 인조5년(1627)에 일어난 정묘호란(丁卯胡亂) 의주전투에서 동생 몽직(夢稷)과 두 조카 호(浩), 준(濬)이 함께 순절한 원종공신으로 이름나 있는 분이다(관가정공파 세보 권1, 1978).

몽량(夢亮)은 아들을 여러 명 두었는데, 넷째 아들 사(泗)가 1647년(인조25)에 경기도 양주에서 이곳 서산(瑞山)으로 이거하여 서산 지곡면(地谷面) 일대에 경주최씨 집성촌을 건설하였다. 그러나 왜 그가 양주에서 서산으로 내려 왔는지에 대해서는 자세하지 않다.

서산시지(1998)에 의하면, 부성사(富城祠)는 1913년과 1974년 및 1981년 세 차례에 걸쳐 크게 보수를 실시하여 현재의 모습을 갖추었는데, 구조는 정면 3칸, 측면 2칸으로 된 팔작지붕의 본관과 내삼문, 외삼문, 동재, 서재 등 부속 건물을 갖춘 서원형식의 사당이다.

현재 부성사는 충청남도 문화재 제199호로 지정되어 있으며, 소유주와 관리자는 경주최씨 종중으로 되어 있다(서산시지, 서산시지편찬위원회, 1998).

〈그림 29〉 부성사(富城祠)
소재지 : 충남 서산시 지곡면 산성리
자료 : 충남 서산시 네이버블로그, 2021. 2.

〈그림 30〉 부성사의 외삼문(外三門)
소재지 : 좌동.
자료 : 좌동.

6. 모송사(慕松祠)

모송사(慕松祠)는 충남 서산시 지곡면 화천리(花川里) 산 114-4에 있다.[14] 고려시대 두문동 72현 중의 한 분인 경주

---

14) 경주최씨 관가정공파 세보 권1(1978)에서 모송사(慕松祠)의 위치를 충남 서산시 지곡면 광천리(光川里)로 표기한 것은 충남 서산시 지곡면 화천리(花川里)로 바로 잡는다.

최씨 관가정 최청(崔淸)과 그 후손 경주최씨 서산입향조 최사(崔泗)의 영정을 모시고 제향(祭享)하는 사당이다. 서산지역 경주최씨 문중이 주도하여 1918년에 건립하였다(서산시지 편찬위원회, 서산시지, 1998).

〈그림 31〉 모송사(慕松祠)의 최청 영정
소재지 : 충남 서산시 지곡면 화천리
자료 : 경주최씨 관가정공파 세보 권1, 1978.

〈그림 32〉 모송사(慕松祠)
소재지 : 좌동.
자료 : 충남서산문화원 제공, 2021. 2.

7. 최치원기념관(崔致遠紀念館)

경기도 남양주시 진건읍 독정로 성지1길 34 일대에는 경주최씨 시조 고운 최치원을 기념하는「최치원기념관(崔致遠紀念館)」이 세워져 있다.

건물의 구조는 기념관 본채로 들어가는 삼문(三門)과 최치원 선생의 영정을 모신 대성전(大成殿)이 중심이다. 여기에는 은함, 승로, 숙, 제안, 계훈, 현배, 습, 유경, 자운 등 아홉 분의 위패도 함께 봉안되어 있다.

이 밖에 최치원 선생의 유물과 역사자료를 전시한 동재(東齋), 경주최씨 관가정공파 대종회 사무실로 이용되는 서재(西齋)로 각각 배치되어 있다.

이와 함께 관가정 최청을 추모하기 위해 처음에 관가정공 묘도(墓道)에 세운 공(公)의 신도비(神道碑)는 기념관 삼문(三門) 밖 왼쪽으로 잠시 옮겨 새로 자리 잡게 하였으나 그 후 곧 관가정공의 묘도(墓道) 원래 자리로 다시 옮겼다.

〈그림 33〉 최치원기념관 삼문(三門)
소재지 : 경기도 남양주시 진건읍 독정로 성지1길 34

〈그림 34〉 최치원기념관 대성전(大成殿), 좌측 건물이 서재(西齋)임.
소재지 : 상동.

〈그림 35〉 대성전 안에 봉안한 고운 최치원시조 영정
소재지 : 앞과 같음.

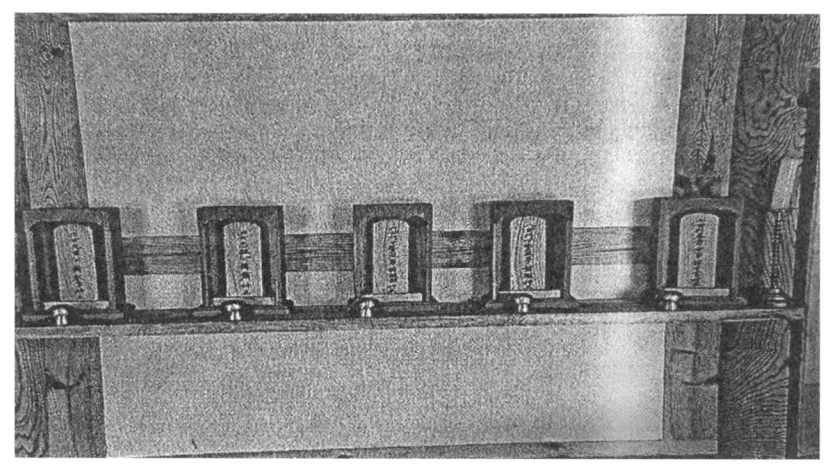

〈그림 36〉 대성전 고운시조 영정 좌우에 봉안된 다섯 분의 위패
(은함, 숙, 계훈, 습, 자운)

소재지 : 상동, 자료 : 최낙영, 앞책.

〈그림 37〉 대성전 고운시조 영정 좌우에 봉안된 네 분의 위패
(승로, 제안, 현배, 유경)

소재지 : 상동, 자료 : 상동.

〈그림 38〉 최치원기념관 본당

소재지 : 앞과 같음.

〈그림 39〉 관가정공파 와티문중의 최치원기념관 방문(2018.5.10.)

8. 고려통일대전(高麗統一大殿)

경기도 파주시 탄현면 성동리 통일동산에는 41,200㎡ (12,463평)의 부지 위에 고려의 역대 제왕을 위시하여 고려 500년을 지켜온 충신열사와 공신제현들을 추모하기 위해 세운 고려통일대전(高麗統一大殿)이 웅장한 모습으로 서 있다. 관리기관은 고려역사선양회(高麗歷史宣揚會)이다.

1999년 11월 문화체육부 주관 하에 부지조성공사를 시작으로 2000년 12월 1단계 건축준공을 거쳐 2007년 8월 주요시설이 다 들어선 2단계 준공을 마치고 2007년 10월 30일 고려의 역대제왕과 충신열사 296명에 대한 고려통일대전 위패봉안대제(位牌奉安大祭)를 거행하였다.

주요 시설로는 정전(正殿), 강당, 영정각(影幀閣), 제전각(祭典閣), 전사청(典祀廳), 내삼문(內三門), 서문(西門) 등 7개 건물이다. 이를 모두 합쳐 고려통일대전(高麗統一大殿)이라 칭하며, 고려시대 건축양식으로 지어져 있는 것이 특징이다.

이 가운데서 가장 상징적인 건물은 고려대전(高麗大殿)이라 이름 지은 정면 7칸 측면 5칸 크기의 정전(正殿)이며, 다음은 정전(正殿) 중앙계단을 통과하는 정면 3칸 측면 2칸 크기의 내삼문(內三門)이다. 고려의 역대제왕과 충신열사들의 영정(影幀)을 모신 건물은 고려시대 건축양식으로 지은 정면 15칸 측면 2칸 크기의 영정각(影幀閣)이다.

정전(正殿)에는 고려의 역대 제왕과 총 296명의 고려 충신열사들의 신위(神位)를 배향하고 있는데, 여기에는 경주 최씨 고운시조 3세 승로(承老), 4세 숙(肅), 5세 제안(齊顏), 11세 청(淸) 네 분의 위패가 함께 봉안(奉安)되어 있다.

네 분 위패의 배향위치는 정전(正殿) 동(東) 화(火)의 열이다(고려역사선양회, 고려통일대전배향위 현황, 2021.5.).

〈그림 40〉 고려통일대전 정전(正殿)
소재지 : 경기도 파주시 탄현면 성동리 통일동산.
자료 : 고려역사선양회, 高麗, 2000년판, 통권 제25집.

〈그림 41〉 고려통일대전 내삼문(內三門)
소재지 : 상동. 자료 : 상동.

〈그림 42〉 정전(正殿)의 공신 위패봉안실 장면
위치 : 상동, 자료 : 고려역사선양회, 고려통일대전 배향위 현황, 2021.5.

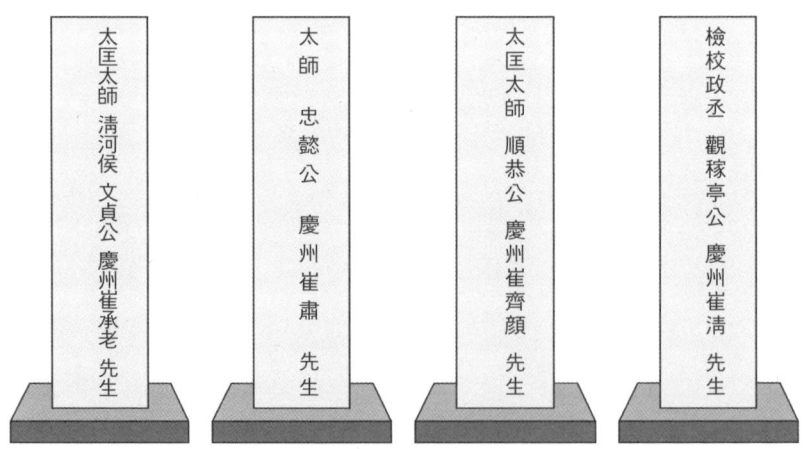

〈그림 43〉 정전(正殿)에 봉안된 경주최씨 네 분의 위패 내용
소재지 : 상동, 자료 : 상동.

Ⅵ. 역사속의 관가정 최청(崔淸)

1. 최청시대(崔淸時代)의 고려정국

　고려 500년의 역사를 시대별로 나누어 보면, 다음과 같이 크게 4단계로 구분할 수 있다.
　① 태조 왕건(王建)의 고려 창업에서부터 시작하여 3대왕 정종(定宗)에 이르는 약 40년간의「고려건국 초기단계」, ② 제4대왕 광종(光宗)에서부터 시작하여 제22대 강종(康宗)까지로 이어지는 약 250년간의「국력신장기」, ③ 제23대 고종(高宗)에서부터 충렬-충선-충숙-충혜-충목-충정으로 이어지는 약 1세기에 걸친「원(元)의 간섭기」, ④ 제31대 공민왕(恭愍王)에서부터 시작하여 우왕-창왕-공양왕으로 끝나는 약 40년간의「고려말기」로 각각 구분된다(박명수, 고려유사, 산점Friends, 2009).
　이 가운데서 관가정 최청(崔淸)이 고려 관계에 입문하여 주로 활약한 시대는 고려가 멸망의 길에 접어든「고려말기」

에 해당한다. 더 자세하게는 공민왕10년(1361) 문과 급제 후 정5품의 보문각 학사에서 출발하여 우왕(禑王)14년(1388) 정2품 검교정승(檢敎政丞)으로 고려 왕정을 은퇴하기까지 총 27년간이 공(公)이 활약한 시기이다.

각 단계마다 역사의 고비가 있었지만, 약 40년간 이어진 마지막 4단계의 고려말기야말로 그 전 단계인 원(元)의 간섭기로부터 벗어나 나라의 새로운 발전을 기대했던 시기였다.

그러나 정국의 움직임은 그 반대였다. 1359년(공민왕8)에 일어난 홍건적의 난을 3년간 겪었으며, 이어 신돈(辛旽)의 세도정치가 계속되고, 우왕의 1388년 요동정벌마저 실패로 끝남에 따라 고려는 말할 수 없는 국력소모와 함께 왕권이 급격히 약화되기 시작하였다.

이 틈을 타서 일어난 것이 이성계의 반역이었다. 많은 충신들이 이성계 일파에게 대거 배척당하고 선비들이 파당을 이루면서 고려는 멸망의 길을 재촉하게 되었다.

공(公)은 일찍이 남다른 재질로 급제하여 장차 고려 왕정의 태평성대를 이루려 하였으나 애석하게도 고려의 운명은 이러한 공(公)의 이상을 헤아려 주지 못했다.

2. 홍건적의 난(紅巾賊 亂)

　홍건적의 난(紅巾賊 亂)은 고려 말기에 중국 하북성(河北省)에서 세력을 키운 중국의 농민 반란군이 머리에 붉은 띠를 두르고 무리지어 압록강을 건너 평양을 점령하고 드디어 고려의 수도 개경(開京)까지 침범해 들어온 큰 전란을 말한다.

　1차 홍건적난은 공민왕8년(1359)에 일어났다. 홍건적의 두목 모거경(毛居敬)이 4만명의 무리를 이끌고 압록강을 건너 의주, 정주, 인주(驎州)를 지나 평양(平壤)을 점령한 것으로부터 시작되었다. 이들은 고려의 관군에 의해 곧 물러갔으나 2년 후 다시 10여만 명의 홍건적 무리가 압록강을 건너 개경까지 침범하였으며, 한 달 이상 수도 개경(開京)이 이들의 점령 하에 들어 있었다. 이것이 공민왕10년(1361)에 있었던 2차 홍건적난이다.

　이때의 홍건적 두목이 훗날 중국의 통일왕조 명(明)을 건국한 주원수(朱元帥)였다. 주원수는 주원장(朱元璋)의 별칭이며, 그가 건국한 명나라 연호가 홍무(洪武)이다.

　공민왕은 난을 피해 멀리 남쪽의 복주(福州, 지금의 경북 안동)까지 몽진(蒙塵)을 가야만 하였다. 조정 대신들 모두가 임금의 피난길을 호위하였으며, 관가정 최청(崔淸)도 그 가운데 한분으로, 왕을 극진히 호종(扈從)하여 안전한 환도(還都)를 도왔다.

이 공로로 최청(崔淸)은 2등 공신에 올라 보문각 학사에서 종3품 정당문학(政堂文學)으로 승차하였다.

공(公)의 사부인 이제현 선생은 1등 공신에 올라 계림부원군(桂林府院君)에 봉해졌으며, 목은 이색도 1등 공신에 올라 정1품 대사성(大司城) 벼슬을 받았다. 공민왕은 홍건적 퇴치에 공을 세운 무신 최영, 이성계, 이방실, 안우, 정세운, 김득배, 장택현 등에게도 모두 공신에 책록하여 각각 합당한 벼슬을 내렸다.

그러나 이로 인하여 고려의 국력은 크게 소진되었으며, 공신책록에 불만을 품은 신료들의 저항으로 국론이 분열되는 결과까지 초래되었다(이훈구, 牧隱 李穡先生略傳, 도서출판심당, 2019).

3. 신돈(辛旽)의 세도정치

고려사 신돈열전(辛旽烈傳)에는 고려 공민왕12년(1363)에서 20년(1371)까지 8년에 걸쳐 있었던 신돈의 세도정치를 다루고 있다. 이로 인하여 빚어진 고려의 국정문란이 말할 수 없을 정도라는 것을 고려사는 상세히 기록하고 있다.

　신돈(辛旽)은 지금의 경남 창녕군 영산(靈山)출신으로, 어릴 때 경남 창녕(옛 지명 桂城縣) 화왕산 옥천사(玉川寺)에서 자랐다고 알려진다. 어느 날 그가 자칭 득도(得道)를 외치며 법명을 편조(遍照)라 칭하고 공민왕에게 접근하기 시작하였다. 공민왕7년(1358)에 신돈은 공민왕과의 첫 대면에 성공하였으며, 이로부터 바로 임금의 신임을 얻어 공민왕12년(1363)에 사부(師傅)로 임명되었다. 신돈의 세도정치가 시작된 것은 이때부터였다.

　공민왕은 홍건적난을 평정하고 정치적 안정을 찾아가는 시점에 그가 사랑하는 왕비 노국공주(魯國公主)가 죽자(1365) 노국공주의 명복을 정성껏 빌어주고 진심으로 자신을 위로하는 신돈에게 모든 것을 의지하게 되었다.

　공민왕의 신임을 등에 업은 신돈은 사부(師傅)의 자격으로 국정을 대신하였으며, 조정의 모든 간섭과 전횡을 일삼았다. 그의 오만함과 문란한 궁중생활이 도를 넘기 시작하자 이제현(李齊賢)을 위시한 여러 중신들이 들고 일어나 일제히 신돈을 탄핵하기 시작하였다. 당시 시랑(侍郎)의 자리에 있었던 강직한 젊은 관료 최청(崔淸)도 여기에 가세하여 임금의 면전에서 신돈을 엄히 질책하였다(上前輒詆㖃).

이 일로 최청은 벼슬이 강등되고 황해도 신주감무(信州監務)로 좌천되는 화를 입기까지 하였다. 공민왕16년 공(公)의 나이 23세 때의 일이다.

신도비명에는 신주감무로 나가 치적을 쌓은 공로로 공(公)이 다시 내직으로 들어왔는데, 그때를 을묘(乙卯)년이라 기록하고 있다. 을묘년은 우왕1년(1375)년에 해당하므로, 공의 신주감무생활은 무려 8년이나 계속되었던 셈이다.

신돈은 더 큰 권력을 누리기 위하여 음관 유탁(柳濯)과 그의 측근 기현(奇顯), 최사원(崔思遠) 등을 시켜 왕을 살해할 역모(逆謀)까지 꾸민 사실이 들어났다. 결국 신돈은 공민왕 20년(1371)에 처형되었으며, 이렇게 하여 8년간 계속된 그의 세도정치도 막을 내리게 되었다.

그러나 신돈의 세도정치는 한 시대를 스쳐간 역사적 사건으로 끝난 것이 아니었다. 그것은 다음과 같은 결과를 가져옴으로써 고려의 멸망을 재촉하는 큰 원인이 되었다.

첫째, 신돈에 의한 국정문란은 공민왕의 죽음을 자초하게 되었고

둘째, 우왕14년(1388) 위화도회군(威化島回軍)에 성공한 이성계는 우왕(禑王)을 신돈과 궁녀 반야 사이에서 태어난

신씨(辛氏)의 자식이라 하여 폐위시켰으며

 셋째, 최영(崔瑩), 정몽주(鄭夢周), 이색(李穡), 최청(崔淸) 등 여러 충신들이 우왕의 측근이라는 이유로 이성계 일당에 의해 모두 제거된 것이다.

 이와 같이 신돈의 세도정치와 그 영향은 단순한 정치문란으로 끝난 것이 아니라 그 후 급격한 왕권의 추락을 가져옴으로써 이성계의 조선 창업을 도운 씨앗이 되었던 것이다.

4. 이성계(李成桂)의 위화도 회군

 태조 이성계와 관가정 최청 두 사람은 다 같이 고려말기의 중신(重臣)이었다. 이성계는 무신(武臣)으로서 주로 외직에 있었으며, 최청은 문과를 거친 문신(文臣)으로 주로 내직에 있었다. 그리고 이성계는 1335년생이고, 최청은 1344년생이므로 9세 연상이었다. 그러므로 두 사람 사이에는 고려 조정을 두고 특별한 관계를 쌓을 계기는 별로 없었다.

 홍건적의 난이 일어났을 때에는 두 사람 다 공신(功臣)반열에 들었지만, 이성계는 동북면병마사(東北面兵馬使)로 밖에서 홍건적을 막는 임무였으며, 최청은 내직에 있으면서 왕의 남행(南行) 길을 도왔으므로 역할이 서로 달랐다.

두 사람이 내직에서 업무관계를 가진 것은 이성계가 우왕 9년(1384)에 국정을 총괄하는 문하시중의 아래인 종2품 문하찬성사(門下贊成事)자리에 있을 때이다. 이때 최청은 첨의중찬(僉議中贊)으로 같은 품계였지만 직책이 서로 달랐다. 최청은 이성계의 주청으로 곧 왕명을 받아 2년간 명(明)나라 사신으로 나갔으며, 돌아올 때에는 명나라 홍무(洪武) 황제의 자금어대(紫金魚袋)까지 하사받고 유용한 유학서적들도 함께 가지고 들어와 고려의 유학발전에 기여한 공적을 남겼다. 이성계는 이로부터 최청의 자질과 외교력에 대하여 호의적인 인식을 가졌을 것으로 짐작된다.

그러나 4년 뒤인 우왕14년(1388) 3월, 이성계는 우위도통사(右衛都統使)에 임명되어 요동정벌(遼東征伐)에 나섰지만, 왕명을 어기고 고려의 국방요지 위화도(威化島)에서 군사를 되돌려 그해 5월 평양을 거쳐 개경으로 역습해 들어왔다. 그리하여 그의 상관인 팔도도통사(八道都統使) 최영(崔瑩)을 제거하고 우왕을 강화도로 유폐(幽閉)시켰던 것이다.

정권에 야심을 품은 이성계의 명백한 사전 음모였으며, 반역과 다름이 없었다. 1392년에는 고려의 정신적 지주인 포은 정몽주(鄭夢周) 선생마저 그들에 의해 죽임을 당하였다.

이후로 이성계와 최청은 가는 길을 달리 하였다.

이성계가 정치, 군사의 모든 실권을 장악하고 새로운 왕조창업을 도모할 때에 문신들이 다투어 그에게 동조하였으나 최청은 익재(益齋) 이제현 선생의 도덕사상을 가슴에 품고 고려의 마지막 신하로서 끝까지 절개를 지키면서 의(義)로운 길을 걷기로 결심하였다.

고려의 멸망을 한탄하면서 이성계의 조선개국에 반대하는 고려의 많은 지식인들이 두문동으로 모여들 때에 최청(崔淸)도 함께 두문동으로 들어갔다.

태조3년(1394)에 이성계가 공(公)의 두문동 집을 친히 세 번이나 찾아와 좌찬성(左贊成)을 제수하고 신조(新朝)에 참여할 것을 권했으나 이를 단호히 거절하였다. 그리고 그는 훗날 내 무덤에 비석을 세울 일이 있으면 그때에 조선의 관직은 넣지 말고 고려 관직만 쓰라고 하는 유언까지 남겼다.

물론, 이성계는 그가 개국한 조선왕조에 참여를 권한 고려의 인물들이 최청 이외에도 여러 사람이 있었다. 신왕조의 정치기반을 다지는데 있어서 고려의 중신들을 대거 참여시킴으로서 정권의 명분을 찾고자 한 것이다. 이때 최청에 대해서는 유독 좌찬성(左贊成)을 제수하여 출사를 간청한 그 배경이 무엇이었던 가에 대하여 간략히 살펴 볼 필요가 있다.

　새 왕조를 세운 태조 이성계는 건국 직후 곧 명(明)에 사신을 보내 자신이 새 왕조의 임금이라는 사실과 함께 국호를 고려에서 조선(朝鮮)으로 변경해 줄 것을 간청하였다. 그러나 명(明)은 이를 받아들이지 않았다. 이유는 요동(遼東)에 대한 계속된 무력행사와 고려 유신들의 대대적인 제거와 배척, 명(明)에 대한 조공 불만 등이었다.

　이성계는 불편한 대명관계를 하루빨리 개선하여 왕권의 정체성을 확립하는 것이 제일큰 과제였으므로 고려 말에 2년 동안 명나라 사신으로 나아가 훌륭한 외교력을 펼치고 돌아온 최청의 존재를 의식하지 않을 수 없었다.

　이성계는 최청을 건국 초의 대명외교 최적임자로 발탁코자 하였던 것이며, 그 직책이 바로 조선 초의 대외관계 일을 총괄하는 의정부 좌찬성(左贊成)이었다.

　고려는 우왕 9년(1383) 8월에 찬성사 김유(金庾)를 명(明)의 사신으로 보내 세공(歲貢)문제를 해결코자 하였으나 김유의 태도가 성실치 못하다는 이유로 명(明)이 김유를 감금시키고 돌려보내지 않았다. 우왕은 바로 그해 10월(癸亥十月)에 김유를 대신하여 재차 명사신으로 최청(崔淸)을 파견하여 이러한 문제를 해결하도록 하였으며, 최청(崔淸)은 그

임무를 훌륭하게 수행하고 돌아왔다.

이 부분에 대하여 고려사 열전 우왕편(禑王篇)에서는 다음과 같이 적고 있다.

今再 差來人 崔涓等四人 齋文陸路回還 - 禑王九年癸亥十一月條

"이번에 재차 사신으로 보낸 최연(崔涓) 등 4인이 경서를 가지고 육로로 귀국하였다."

위에 "금재 차래인(今再 差來人)"은 재차 파견하는 사신(使臣)을 말하며, "최연(崔涓)"은 최청(崔淸)의 또 다른 이름이고, "재문(齋文)"은 유교 경서를 가르키는 말이다.

遼東進歲貢 馬一千匹以 金銀 非本國所産 遣司僕正崔涓 奏請減其數[14] - 禑王十年 甲子十月條

"사복정 최연(崔涓)을 요동으로 보내 우리나라는 금, 은이 생산되지 않으므로 대신에 말(馬) 1천 필로 세공을 대납(代納)하게 하였으며, 그 수(數)를 줄여 줄 것을 명(明)에 주청

---

14) 경주최씨 관가정공파 세보 권1(1978), p.19에 "湊淸誠其數"라 적은 것은 "奏請減其數"로 바로 잡는다.

하였다."

陪臣崔涓等 大明皇帝賜紫金魚袋 甲子還 自京師 - 禑王十年甲
子十月條

"배신 최연(崔涓) 등이 명황제의 자금어대(紫金魚袋)를 하사받고 갑자(甲子)년에 무사히 수도 개경으로 돌아오다."

배신(陪臣)은 임금의 신하를 뜻하며, 자(自)는 무사히라는 의미이며, 경사(京師)는 수도 개성을 말한다.

이와 같이 최청(崔淸)은 이성계의 집권 전에 명나라 사신으로 나가 2년 동안 있으면서 보통 1년에 3천 필에서 5천 필의 말(馬)을 명(明)에 세공으로 바치던 것을 1천필로 감하도록 하는 외교성과를 거두었으며, 여기에다 명(明) 황제의 신임을 얻어 환국할 때에는 많은 경서와 자금어대까지 선물로 받아 귀국하였던 것이다.

고려를 무너뜨리고 새 왕조를 세운 이성계로서는 명(明)나라로부터 하루 빨리 조선 국왕으로 인정받는 명황제의 고명(誥命)을 얻어내는 것이 급선무였다. 여기에 이성계는 당시 명의 홍무황제(洪武皇帝)로부터 두터운 신임을 받고 있는 최청(崔淸)을 명(明)의 고명사(誥命使)로 내정하고, 좌찬성 벼슬을 제수하였지만 공(公)은 이를 사양하였다.

　최청(崔淸)은 그 후 "내 어찌 고려의 신하로서 두 임금을 섬기며, 주군(主君)을 배반자와 뜻을 같이하겠는가" 말하고 두문동(杜門洞)을 나와 조견(趙狷), 원선(元宣) 등과 함께 경기도 양주 송산(松山)에 머물다가 본향 풍양(豊壤)에서 일생을 마쳤다.

　2011년도 관가정공파 대종회 정기총회 자료에서는 당시 공(公)의 이 같은 출처(出處)에 대하여 아래와 같이 적고 있다(정기총회 자료, 2011).

「이태조가 조선을 창건하고 공(公)의 식견을 받아들이기 위해 수차례 걸쳐 조선조정에 출사를 권했으나 끝내 거절하고 초야에 묻혀 은거하시었다. 오늘날의 시대에서 견주어 볼 때 당시 공(公)께서 조선조정에 들어갔으면 그 후 공(公)의 가문은 물론, 대대로 후손들이 벼슬길에 올라 영화와 번영을 누릴 수 있었을 것이다. 그러나 공(公)께서는 신도비명에도 적은 바와 같이 "내 어찌 한때를 굽히면 백세를 누릴 수 있다는 세속의 명리(名利)를 모르겠는가(屈於一時伸於百世)." 라고 하면서 끝까지 의로운 길을 택하였다.

고려의 신하된 자로서 충(忠)으로 나라의 재앙을 막고, 의(義)로써 한 임금을 받든 이 두 가지 절의를 다 지킨 공(公)의 행적에 대하여 오늘을 사는 후손들은 깊이 새겨둘 교훈으로 삼아야 할 것이다.」라는 내용이다.

5. 우왕, 창왕, 공양왕의 폐위

고려의 멸망 직전 3대왕은 우왕(禑王), 창왕(昌王) 및 공양왕(恭讓王)이다. 이성계는 이 세왕 가운데서 우왕, 창왕 두 왕은 왕씨(王氏)의 혈통이 아니라는 이유로, 공양왕에 대해서는 부덕과 무능을 구실삼아 왕위를 각각 폐위 시켰다. 이 세 왕의 계통과 모계도를 보면, 〈그림 44〉과 같다.

```
31대 공민왕(1352~1374)
        |
반야(般若) - 32대 우왕(1375~1388)              20대 신종 6대손
                    |
            근비이씨(謹妃李氏) - 33대 창왕(1389) - 34대 공양왕(1389~1392)/조선
                                                              개국(1392)

주 : (   )안의 숫자는 재위기간임.
```

〈그림 44〉 고려말 3대왕의 계통과 모계도

자료 : 석산, 高麗王史, 깊은 나무, 2021.

우왕은 공민왕이 총애한 궁중 여인 반야(般若)의 소생으로 공민왕의 유일한 혈육이었다. 10세에 당시 고려 조정의 실권자인 문하시랑평장사 이인임(李仁任) 세력의 천거로 고려 32대왕에 즉위하였지만 그의 재위 14년(1388)에 위화도 회군을 감행한 이성계, 조민수 일파에 의해 폐위되어 강화도로 유배당했다. 폐위 사유는 우왕이 왕씨의 혈통이 아니라 공민왕시대에 나라를 어지럽힌 요승 신돈(辛旽)의 자식이라는 이유였다.

그러나 이것은 구실일 뿐, 근본 목적은 고려왕조를 끝까지 지키고자 한 최영, 정몽주, 이색, 최청 등 여말 절의파(節義派) 세력을 제거하는데 두고 있었던 것이다.

이성계 일파는 이러한 구실을 빌려 1389년에는 그들이 옹립한 33대 창왕(昌王)마저 즉위 1년만에 폐위시켰다. 창왕은 우왕의 비(妃)인 근비이씨(謹妃李氏)의 소생으로 우왕의 유일한 독자였으며, 왕위에 오른 때가 나이 고작 9세였다. 그러나 왕위에 오른 지 겨우 1년 만에 창왕 역시 폐위되고 만 것이다.

우왕이 신돈의 자식이면 창왕은 신돈의 손자인 셈이므로 그도 역시 고려의 왕이 될 수 없다는 것이 폐위의 이유였으며, 우왕과 마찬가지로 강화도에 유배하여 스스로 죽게 하였다.

두 왕이 차례로 이성계 일파에 의해 폐위되고 죽임을 당하자 관가정 최청(崔淸)은 두문동 입산에 앞서 원천석(元天錫) 등과 함께 강원도 원주 치악산(雉嶽山)에 모여 우왕부자(禑王父子)를 위한 추모제를 지내면서 고려의 앞날을 의논하였다. 이때 참석한 인물이 모두 23인이었다고 하나, 화해사전(華海師全) 제7권에는 이가운데서 다음과 같이 최청 등 15인의 이름만 들어 전해지고 있다.

이들 15인의 인물을 들면 아래와 같다.

관가정 최청, 음촌 김약시, 석탄 이양중, 청몽 서견, 죽정 탁신, 덕곡 조승숙, 둔촌 이집, 오은 김사겸, 천곡 최원도, 처곡 조유, 석포 김로, 목옹 하자중, 이헌 성여완, 이우당 이경, 여명 범세동 등이다(華海師全, 1935).

두 왕을 차례로 폐위시킨 이성계는 공양왕 3년(1391)에 군권을 완전히 손에 쥔 삼군도총제사(三軍都摠制使)가 되었으며, 다시 공양왕 4년(1392)에는 국정을 총괄하는 수문하시중(守門下侍中)에 올랐다. 위화도회군에 동조한 좌군도통사 조민수(曺敏修)는 4도도통사(四道都統使)가 되어 둘은 왕의 힘을 넘어서는 명실상부한 실력자로 행세하였다.

이성계는 그를 주군처럼 따르는 조준(趙浚), 정도전(鄭道

傳) 등과 합세하여 이번에는 왕씨 종친 가운데서 20대 신종(神宗)의 6세손 왕요(王瑤)를 1389년에 34대 공양왕(恭讓王)으로 옹립하였다. 그러나 3년 뒤인 1392년(壬申) 7월에 공양왕마저 이성계 세력에 의해 축출 당하였다. 폐위 사유는 왕의 부덕과 무능을 구실 삼았다.

이성계의 심복 우시중(右侍中) 배극렴이 한상경, 남은과 함께 왕대비전 근비이씨에게 나아가 "지금 왕은 심신이 혼미하여 임금의 도리를 잃은 지 이미 오래이므로 폐위시키도록 조서(詔書)를 내려달라"고 강요하였다. 왕대비전을 나온 밀직사 한상경, 남은이 대전에 들어가 왕대비전의 전교(傳敎)를 읽자, 공양왕은 눈물을 뿌리며 강원도 원주로 쫓겨 가서 죽었다.

신하가 주군의 부덕을 구실삼아 왕위에서 물러나게 한 것은 역사에도 없는 명백한 반역(叛逆)이 아닐 수 없다.

고려의 운명이 이와 같이 종말을 치달고 있는데도 고려 절의파 세력들의 대응은 속수무책이었다. 이미 우왕(禑王)의 폐위를 계기로 충신들이 모두 제거되고, 남아 있는 유신들도 무력으로 정권을 쥔 이성계 개혁파들에게 지조를 굽힌 마당에 무력한 고려왕조는 더 이상 난국을 타개할 아무런 힘이 없었다.

드디어 이성계는 정도전, 조준, 윤소중, 남은, 배극렴, 심덕부, 성석린, 박위, 권근, 윤호, 정희계, 한상경, 이민도, 안경공, 김곤 등 그를 따르는 많은 추종세력들의 추대를 받아 1392년(壬申) 7월 17일 개경의 별궁 수창궁(壽昌宮)[15]에서 국왕으로 즉위하여 공양왕의 뒤를 이었다.

처음에는 고려의 국호(國號)를 그대로 사용하였으나 1년 뒤에 조선(朝鮮)으로 국호를 바꾸고 스스로를 조선의 태조(太祖)라 하였다.

이로써 제34대 공양왕을 마지막으로 고려 5백년 역사는 완전히 막을 내리게 되었으며, 조선(朝鮮)이라고 하는 새로운 왕조 역사가 시작된것이다.

---

15) 수창궁(壽昌宮)은 고려왕조의 별궁(別宮)으로 공민왕 때에 지었으며, 주로 왕과 왕세자의 가례 시에 비(妃)를 맞이하는 궁전으로 사용되었다. 그러나 33대 창왕(昌王)은 이곳에서 즉위했으며, 이성계도 공양왕으로부터 왕위를 물러 받아 이곳에서 즉위식을 거행하였다.

책의 마무리

　관가정 최청(崔淸)의 스승 익재 이제현 선생은 어릴 적 공(公)의 학문태도와 거동을 살펴 "장차 반드시 이 나라에 큰 선비가 될 것이다(必爲一世大儒)"하는 예언을 남긴 적이 있었다.

　선생의 예언대로 공(公)은 공민왕 10년 신축(辛丑), 1361년에 소년등과(少年登科)로 주위를 놀라게 하였다. 초직을 보문각 학사로 출발하여 그 뒤 차례로 여러 관직을 거쳐 마지막에는 정승의 반열인 검교정승(檢校政丞)의 자리에까지 올랐다.

　태조 이성계가 역성정혁(易姓鼎革)으로 고려를 폐하고 조선을 창업하자 최청공은 목은 이색, 야은 길재 등 제현과 더불어 고려의 운명을 지킨 마지막 충절의 한 분으로 남아있었다.

　공(公)이 만수산 두문동으로 들어가 이성계의 조선 개국에 끝까지 저항하면서 두문동 72현으로 남아 일생을 바친 것은 충(忠)과 절(節)과 의(義) 세가지 덕목을 다 지킨 진정한 대유(大儒)의 본보기였다.

이 책은 고려말의 어지러운 정국(政局)을 거친 이와 같은 관가정공 최청(崔淸)의 일대기를 엮은 것으로, 자료수집과 집필에 꼬박 1년이 걸렸다.

집필 내내 가장 아쉬웠던 점은 공(公)이 남긴 문집(文集)이나 행장(行狀) 또는 가첩(家牒) 등을 찾아내어 내용을 보다 알차게 엮고자 하였으나 이러한 자료는 끝내 찾지 못하였다. 참으로 딱한 일이라 아니할 수 없다.

공(公)이 쌓아온 남다른 재능이나 높은 학식으로 미루어 30년가까이 참여한 고려 왕정의 역사에서부터 말년에는 이성계의 권력에 맞서 두문동72현으로 남아 겪은 고초에 대하여 몸소 적은 기록들이 문집(文集)등으로 남아 전해 올 것으로 당연히 생각하였다.

그러나 이러한 기대는 모두 빗나갔다. 글귀는 고사하고 공(公)이 남긴 한점의 서체흔적도 발견 할 수 없었기때문이다. 여기에는 필경 어떤 사연이 있었을 텐데, 그 연유가 무엇인지 이를 찾아 밝히는 것이 앞으로의 과제다.

전언에 의하면, 공(公)이 두문동에서 나와 선대의 고향

양주 풍양(豊壤)에서 숨어 지낼 때에 태조 이성계 일당의 갖은 핍박(逼迫)을 피하기 위하여 스스로 가첩일체를 소멸(掃滅)시켰을 것이라는 설과, 또 하나는 명종 원년(1545)에 벌어진 왕실의 외척 대·소 윤씨(大·小 尹氏) 간의 세력다툼이 사화로 까지 번진 을사사화(乙巳士禍)에 당시 승사랑(承仕郎) 벼슬에 있던 공(公)의 직계 4세손 응벽(應壁)이 연루되어 경북 선산(善山)으로 피신할때에 가보 모두가 멸실(滅失)되었을 것이라는 설이다. 최낙영(2021)의 글에 실린 내용이며, 관가정공파 세보 권1(1978)에도 이러한 사실을 뒷받침하는 기사가 보인다.

앞으로 더 나은 후진들이 나와 이 방면의 연구를 계속하고 노력을 기울인다면 혹, 공(公)의 실제 유품과 기록들을 찾아낼수 있을지 모른다. 그때에는 더욱 자세하고 값진 관가정 최청(崔淸)에 관한 연구 성과가 나올 것으로 기대한다.

끝으로, 약 1년 가까이 원고를 다듬고 편집에 도움을 준「수영인쇄」와 저렴한 비용으로 선뜻 출판을 맡아준 도서출판「해암」에 감사를 표한다. 유례없는 코로나 위협과 무더위 속에서도 책의 표지 디자인에서부터 활자의 선택과 표와 그림의 배치 등 하나하나 신경 써서 품위 있는 책을 펴내 정식 출판등록절차까지 마쳤다.「해암」출판사 박철수 사장님과 관계 직원 여러분들의 노고에 거듭 감사드린다.

부 록

고려말 선비 관가정 최청崔淸의 역사

1. 조상들의 옛 모습

고운 崔致遠의 존영
전북 정읍군(태인) 칠현면 원촌리 무성서원 봉안본
자료 : 경주최씨 관가정공파세보, 권1, 1998.

고운 崔致遠의 존영
가야산 해인사 성보박물관 봉안본
자료 : 손상국, 최치원을 추억하다, 신아출판사 2016.

고운 최치원 선생의 책 읽는 모습
경희대학교 미술교육학과 장성환교수의 작품
자료 : 최정윤, 고운 최치원, 해암, 2018.

고운시조의 손자 文貞公 崔承老 선생 존영
태조 왕건에서부터 혜종—정종—광종—경종—성종까지 6대 왕조에 걸쳐 재상을 지냈으며, 성종묘역에 배향됨.
자료 : 경주최씨 관가정공파 영사보, 1994.
　　　http://teums.naver.com/goods_image/2021-05-04.

관가정공 崔淸의 존영
충남 서천군 한산면 도충사 봉안본
자료 : 경주최씨 관가정공파 세보, 권1, 1978.

관가정공 崔淸의 존영
자료 : 충남 서산시 지곡면 모송사 봉안본.

2. 경주최씨 관가정공파 약식 한글 족보

족보기사		세대
致遠(치원)	中祖 彦撝(언위)	一世 始祖
字 고운 號 해운 본관 경주 경주사량부인 신라헌강왕 丁丑생 十二세 해박입당. 唐 희종 건부 원년 十八세 등과. 율수현위 도통 고병(高騈) 종사관 작황소격서. 二十七세 환국. 한림학사병부시랑지서서감 부성 태사 천령 태수. 진성왕甲寅 시무십여조 왕가납 아찬. 고려 현종 증시호 문창후 문묘종배. 가야산 입산 향방묘연. 배위 나주나씨 승상업의 따님. 묘소 불상.		
殷舍(은함)	子 光胤(광윤) 子 光達(광달)	二世
경주 신라원보(元輔) 배위 성씨 생몰 묘 부전. 고려사에 문창 후 입국 후 결혼 三十세 이후 생자한 아들이 은함이라 기술. 성종 원년 시무二十八조를 올려 후일 三世 문정공 승로(承老)는 자신이 척불숭유의 통치이념을 세워 은함이 관음보살에 기도하여 얻은 아들로 일함이 전쟁에 나가면서 아들을 관음보살에 목숨을 구하게 했다는 전설이 있다(삼국유사). 문창후의 후손이라 기술함(고려사).		
子 承老(승로)	子 沆(항)	三世
고려 문하시중 평장사 시호 문정공(文貞公) 十二세시 태조 왕건에게 논어(論語)를 강독하여 왕이 염분과 녹봉 二十석을 하사함. 성종 원년 시무二十八조를 올려 척불숭유의 통치이념을 세움. 시호 충의(忠懿) 목종묘 배향 증 태사. 성종에서 혜종, 정종, 광종, 경종, 성종의 六朝에 정四品을 지냄. 六十三세에 졸. 배위 성씨 부전. 묘 성종묘역	성종조 갑과등과, 현종 절의공 시호를 내리고 목종 묘에 종배	
子 肅(숙)	子 有孚(유부)	四世
문하시중 평장사 현종 十八년 졸(一〇二六). 목종묘 배향 증 태사. 시호 충의(忠懿) 배위 성씨부전. 子 儀(의) 이부상서문하시중 배위 금녕김씨 女 朴眉(박미) 계림인 後裔 邦彦(방언) 청지중추참판 後裔 琳(림) 정헌대부 대사성보문각학사 진사 後裔 宗祇(종저)		

162 최청(崔清)의 역사

족보기사	세대
子 齊顔(제안) 대광대사문하시중 시호 順恭公(순공공) 현종 十七년 중추사 덕종 三년 호부상서 문종 원년 崔冲을 논박하여 관직을 잃고 병을 얻어 죽음. 추증 태사중서령. 후일 문종 묘에 배향. 배위 성씨 생몰 부전. **子 周(주)** 문과 우복사, 시호 청성후 (淸城候)에 봉함. 성종 四년 졸(九八五). 배 계림김씨 묘 강원도 인제군 후예 善之(선지) 밀직사 도염서사(都染署司)	五世
子 繼勳(계훈) 문하시중찬성사. 배위 성씨 생몰 부전. **子 文勳(문훈)** 문하시중 삼중대광내사령. 경진 六月十四日생. 乙巳十二月二十五日 졸. 묘 선영 배위 숙부인 왕씨 **子 尚勳(상훈)** 태자좌륜덕문하시중 삼중대광내사령. 생몰 묘 불명. 배위 성씨 생몰 부전. 부 善之 子 適孫(적손) 子 適立(적립) 숙종시 금오위상장군 子 斯直(사직) 무관 중랑장(中郎將)	六世
子 玄培(현배) 삼한벽상삼중대광문하시중. 文宗이 祖父齊顔을 통하여 어린 현배에 특별히 八品직을 하사함. 배위 성씨 생몰 부전. 묘, 배위 생몰 불명. **子 玄祐(현우)** 부 文勳 **子 玄進(현진)** 삼사좌윤. **子 漣(연)** 부 文勳 문과 판서 임신 七月생. 병자 二月 졸, 임신 묘 묵천 배 정부인 왕씨 子 白楡(백유) 검교태전평장사 子 宗楡(종유) 子 宗梓(종재) 子 宗斌(종무) 子 宗識(종식) 子 得龍(득룡)	七世
子 隱(습) 삼중대광문하찬성사, 전교서령 묘 양주풍양 **子 修(수)** 부 玄進 문과 홍문관 대제학 묘 경주 서촌 **子 溪(단)** 광록대부병부상서 **子 倬(탁)** 문과, 평장사 계림군 부 漣 子 士元(사원) 子 士亨(사형) 子 士利(사리) 子 士貞(사정) 子 之美(지미) 부 宗識 이름 천보, 증 영흥백(永興伯) 배 대부인 경주김씨	八世

족보기사	세대
子 有慶(유경) 문하시중 양광도 도순찰사 초명이 방(坊)이며, 十五세 무렵 궁에 들어가 왕을 기쁘게 함으로 왕이 이름을 유경(有慶)이라 하고 포상을 내림. 고려전원일기의 기록임. 배 성씨 생몰 불명. 묘 불명 조 得龍 子 玄祜(현우) 부 諤 시호 화숙공(和淑公) 충숙, 충혜왕시에 시중광정예문삼사좌사 묘 경기도 고양군 子 光祐(광우) 고려, 밀직사사 子 光位 부 士亨 삼한벽상대광내사령 시호 충렬공(忠烈公)	九世
子 子雲(자운) 판봉상시사 충혜왕五년(一三四四) 공민왕 十二년에 요동(遼東)땅의 전농시사(典農寺司) 고민왕 호 관가정(觀稼亭), 또는 경계를 넓히고 돌아오며 고려의 송인거사로 부름. 국경을 넓히고 돌아오며 고려의 임금 앞에서 가승 신도(후吨)을 왕이 말(馬) 一千필을 하사함. 묘 양주 풍양 배 풍양조씨. 子 出雲(수운) 함문저후, 호(澔) 진(津), 연(淵) 세 아들을 둠. 子 海雲(해운) 삼사좌윤, 생몰 묘 부전 子 有井(유정) 부 安俊 정국공신보국숭록대부 중종원년 길성군에 봉함. 배위 밀양박씨 子 閑奇(한기) 부 終泰(종태) 조선개국공신 시호 영흥부원군 二男四女 가운데 二녀가 의혜 왕후로 태조의 모가 됨	十世
子 淸(청) 자 직재(直哉) 또는 여개(汝個) 호 수안 충혜왕五년(一三三四) 생 고려 문과, 정당문학, 검교정승 태조 이성계가 좌찬성에 제수하고 三次 방문하였으나 폐문불출 태조가 임한 산 이름을 어래산이 라고 하고, 그의 머문 집을 관가 정이라함. 그곳을 나와 양주 송 산에 은거하며, 호를 관가정이라 함. 후일 양주에 최씨 집성촌을 이루므로 관가정공 청파 파조에 이름. 태종 十四년 七十一세 졸. 묘 양주 진건면 용정리 서천도총사 서산 부성사 영정 배 정부인 경주이씨 子 江(강) 고려판사, 이조불임 세조 증병조판서 충무위대호군 배 정부인 경주이씨	十一世
子 淵止(연지) 문과 통훈대부 수안군수 戊戌(一三五八)생 공민왕 七년 묘 선영 배 숙부인 밀양손씨. 子 信止(신지) 문과 통정대부 묘 양주 통정대부 배 월성이씨. 子 儉止(검지) 판도전서 배 숙부인 합천이씨. 子 瀅止(형지) 문과 성균학유 예문관제학. 시호 문정공(文正公) 배 숙부인 개성왕씨. 子 漢止(한지) 정국공신정공신, 사직 묘 예산(猊山) 子 汭(예) 부 弘裁(홍재) 공민왕 계축생 성균관사성(司成)	十二世

족보기사	세대
子 敬孫(경손) 통훈대부신천군수. 세종 二十一 기미생. 중종 九년 갑술년 八十五세 졸. 묘 양주 진건면 선영 배 숙부인 해주최씨. 子 敬忠(경충) 건원능참봉 증통정대부승정원좌승지 묘 양주 진건면 선영 배 정부인 함양박씨. 子 敬誠(경성) 성우장군 부사과 배 숙부인 밀양박씨. 묘 불명 子 敬儀(경의) 진사, 호 도촌ㅇㅇ 묘 경북 문경 배 남평문씨	十三世
子 繼宗(계종) 건원능참봉 배 순흥안씨. 子 光門(광문) 부사직 증 가선대부, 호조참판 묘 양주 판동. 배 정부인 원주원씨. 子 崇門(숭문) 을축(一三八五)생 감찰통훈대부, 사천현감 子 潤門(윤문) 초명 광윤, 자 덕겸 十六세 진사 묘 경주 내남면 냉정리 배 경주이씨. 子 興門(흥문) 진사 통훈대부덕산군수 묘 예천 배 숙부인 경주이씨.	十四世
子 應璧(ㅇㅇ벽) 자 문중, 호 야수(野叟) 문관 중종갑술생(一五十四년) 명종원년 승사랑(承仕郞) 을사사화에 몰려 경북 선산 구미로 피신, 이후 세거지 선산으로 이동. 묘 선산 구미, 배 야성송씨. 子 潾(인) 子 涏(정) 子 瑾(연) 부 崇門 子 浚(준) 子 瑾련 子 包(포) 자 대보 성균진사 父가 양눈 폐안 봉사로 조석으로 父의 지팡이가 되었으며 진사 급제로 부의 눈을 뜨게 함. 나라에서 증자삼효로 표창하고 효자정각을 세움. 東京ㅇ의 기록임. 묘 경주 내남면 후산 배 함안조씨. 子 河(하) 子 漢(한) 子 淑淨(숙정)	十五世
子 崦(엄) 子 嶒(증) 子 峋(순) 子 嶸(영) 子 峒(동) 子 嶇(구) 子 安世(안세) 子 允世(윤세) 子 範世(범세) 子 龍世(용세) 子 永世(영세) 子 觀世(관세) 子 寬世(관세) 子 麟壽(인수) 子 麟老(인노) 子 斗世(두세) 子 麟世(인세)	十六世

부록 165

족보기사	세대
子 麟壽(인수) 부 包 자 인서, 집경전 참봉 묘 경주 내남면 냉정리 배 이천서씨 子 麟老(인노) 자 윤서, 단성현감 묘 경주 남관산 배 월성손씨 子 斗世(두세) 자 수단, 통정대부 묘 경기 여주 흥천면 배 밀양박씨, 경주김씨 子 麟世(인세) 초명 언세, 무과어모장군 선정관 묘 경기 여주 길천 배 전주이씨	十六世
子 應耘(응운) 자 의배 묘 경주 내남면 냉정리 배 밀양박씨 子 應敏(응민) 자 의신, 문과, 통정대부병조판서 묘 양주 구정동 배 함양여씨 묘 경남 의령 능인 子 應恒(응항) 묘 영일 독미산 배 창원황씨 子 確(확) 부 安世(안세)	十七世
子 光烈(광렬) 부 應敏 자 택유 문과 안변부사 증 이조판서 묘 양주 선영 배 안동김씨 子 夢尹(몽윤) 부 確 子 夢說(몽열) 子 夢亮(몽량) 자 계명, 시호 충의공 정묘호란시 평북 의주 전투에서 동생 夢稷과 함께 순절. 원종공신에 책록 子 夢弼(몽필) 子 夢稷(몽직) 子 夢卨(몽설) 子 夢敬(몽경) 子 夢箕(몽기)	十八世
子 英芝(영지) 자 자식, 문과, 호 조참판 통정대부진주목사 증 좌찬성, 시호 문양공 묘 양주 선영 배 정부인 광산김씨 子 自艮(자량) 子 自屹(자흘) 묘 경주 선영 子 泗(사) 부 夢亮 몽량의 四子 자 여수, 호 양희 광해 임술생, 성균진사 현종 기사 十월졸 一六四七년 인조二十五 경기 양주에서 충남 서산군 지곡면 이거 경주최씨 서산 지곡면 집성촌 건설 묘 서산 지곡면 화천리	十九世

족보기사	세대
子 允星(윤성) 부 英芝 자 극초, 선조 성균진사 선조 十七年 가선대부 청주목사 묘 양주선영 배 풍산 홍씨 **子 允佶(윤길)** 초명 윤근, 자 팔주, 경기도 양주 풍양에서 나고 자람. 진사 선무량 묘 경북 군위 배 숙부인 안동권씨.	二十世
子 倫(륜) 문과 진사 가선대부 묘 경주 내남면 냉정 배 철성이씨 **子 德倫(덕륜)** 자 국식, 호 와초(臥樵) 명종 갑자(一五六四)생 임란의 병참전, 정유재란 수군 참전, 증 통정대부군자감정 인조 四년 병인 졸(一六二六) 경남 사천 곤양면 와티 정착 묘 사천 곤양면 와티안산 후손 경주최씨 와티 문중00은 곤을 입향조로 함. 一九二四년(甲子) 十월 十六일 와티문중 창립. 二0十二년 경기 남양주시 소재 경주최씨관가정0파 대종회에 지파(支派)로 등록. 배 숙부인 김해김씨. 묘 부군합장, 사천 곤양면 와티안산.	二十一世
子 明穆(명목) 묘 의령 능인 **子 甲生(갑생)** 자 진여 증 통정대부곤조초참의 묘 선영 배 숙부인, 전주이씨. 묘 부군합장, 선영	二十二世
子 守明(수명) 자 명인, 증가선대부좌윤겸 오위도총부 부총관 묘 선영 배 정부인, 진양강씨. 묘 부군합장, 선영	二十三世

부록 167

족보기사	세대
子順義(순의) 부 守明 자 강익 증 가선대부중추부사 배 선영 배 정부인 진양강씨 子順鶴(순학) 자 중익 증 자헌대부 묘 선영 배 정부인 김해김씨 子順襟(순금) 자 도익 증 가선대부 한성좌윤 묘 선영 배 정부인 함안조씨	二十四世

주 : ☐ 표시는 파조 청(淸)을 중심으로 한 와티문중의 계통을 나타내는 부호임.

자료 : 경주최씨 관가정공파 세보, 권1, 1978.
　　　경주최씨 관가정공파 영사보, 1994.

3. 경주최씨 관가정공파 대종회의 연혁(沿革)

1) 1956.10 - 경주최씨 관과정공파 종친회 창립(모송재)

　도 유 사 : 영범(榮範)

　부도유사 : 진석(珍錫), 정수(鼎洙), 헌영(憲永)

　총　　무 : 환수(環洙), 용식(容植)

　재　　무 : 문식(文植)

　감　　사 : 종수(鍾洙), 석조(錫祚), 병흠(炳欽)

2) 1978.11 - 경주최씨 관과정공파 중앙종친회 창립(종헌 제정)

3) 2001.03 - 경주최씨 관과정공파 대종회 창립(종헌개정)

4) 대종회사무실 소재지

경기도 남양주시 진건읍 성지1길 34, 최치원기념관
경주최씨 관가정공파 대종회

자료 : 최낙영, 慶州崔氏 觀稼亭派 派祖 淸의 史錄, 미발표문(4책), 2021.

4. 경주최씨 관가정공파 대종회 종헌(宗憲)

1) 제정 및 개정

 (1) 제정 - 1978년 11월 10일

 (2) 1차 개정 - 1999년 7월 20일

 (3) 2차 개정 - 2001년 3월 17일

 (4) 3차 개정

2) 종헌전문(宗憲前文)

前 文

　종친(宗親)이란 같은 혈통(血統)을 이어 받은 사람들의 통칭(統稱)이다.
　옛날 성훈(聖訓)에 '동성동본(同姓同本)은 백대지친(百代之親)이다' 라는 말씀이 있거늘, 하물며 동파지친(同派至親)이랴!

　우리들은 600여년을 거슬러 올라가면 한 조상(祖上)으로 귀일(歸一)한다. 그러므로 오늘날 우리들의 혈관 속에는 한 조상, 즉 관가정공(觀稼亭公)의 피가 흐르고 있다는 사실을 한시도 잊어서는 아니 된다. 이와 같이 엄연한 사실을 상기(想起)한다면 어찌 종친 간에 족의(族誼)를 소홀히 하여 상호(相互) 오월시(吳越視)할 것인가.
　이에 우리들은 이 시점에서 분연히 궐기(蹶起)하여 선조들의 빛난 얼을 오늘에 되살리고 조상들이 이룩한 영광(榮光)과 겪으신 시련(試鍊)을 발판으로 하여 위로는 선조들의 위적(偉績)을 현양(顯揚)하고 아래로는 종친 간에 돈독(敦篤)한 화목(和睦)을 도모하여 후세에게 영광 된 터전을 물려주려는 뜻에서 과거를 혁신(革新)하여 재조직(再組織)의 기치(旗幟)를 높이 든 바이다(서기 1978년 10월 10일).

경주최씨 1160여년 역사 이래 후손들의 정성을 모아 전국에서 유일하게 건립된 최치원기념관을 소중히 보존하고 관리 운영함에 있어 시조님이 남기신 위대한 학문과 유훈(遺訓)을 받들어 후손들과 후학들에게 길이 남기고자 한다.

본당인 고운사(孤雲祠)에 고운(孤雲)시조님 이하 은함(殷含) 승로(承老) 숙(肅) 제안(齊顔) 계훈(繼勳) 현배(玄培) 습(隰) 유경(有慶) 자운(子雲) 선조의 위패(位牌)를 모시어 觀稼亭公(淸)께서 시조(고운)의 직계혈통(直系血統)임을 만방에 알리고 대대손손 계승(繼承)하여 숭봉(崇奉)하며 관가정공(淸)의 후손으로서의 자부심(自負心)을 가져야 할 것이다.

서기 1978년 10월 10일
慶州崔氏 觀稼亭公派 中央宗親會

서기 2001년 3월 17일
名稱변경 : 慶州崔氏 觀稼亭公派 大宗會

3) 종헌(宗憲)

제1장 총칙(總則)

◎ 제1조: 명칭
본회는 경주최씨관가정공파대종회(慶州崔氏觀稼亭公派大宗會)라 칭한다.

◎ 제2조: 목적
본회는 선조(先祖)를 숭봉(崇奉)하고 유적보존(遺蹟保存)과 종친간의 족의(族誼)를 돈독(敦篤)히 하여 자손대대(子孫代代)에 숭조사상(崇祖思想)과 조상의 숭고한 정신을 계승, 발전시킴을 목적으로 한다.

◎ 제3조: 사무소
경기도 남양주시 진건읍 독정로 성지 1길 34(용정리 548) 최치원기념관 또는 서울특별시 안에 둠을 원칙으로 한다.

◎ 제4조: 조직
본회 외 지역단위로 지회(지역종친회)를 둘 수 있으며 예하 지파별로 조직을 인정한다. 단, 지역단위 지회를 조직할 때에는 본회에 등록하여야 한다.

◎ 제5조: 사업

본회는 제2조의 목적을 달성하기 위하여 다음 각항의 사업을 수행한다.

1) 유적의 관리 및 보존과 사료 수집.
2) 족보 및 문헌편찬 지도 및 통제.
3) 종중재산의 관리운영.
4) 세일사 봉행.
5) 종친 상호간의 친목과 유대강화 및 복지향상.
6) 숭조사상 및 정신교육.
7) 기타 본회의 목적수행에 필요한 사업.

제2장 회원(會員)

◎ 제6조: 자격

본회의 회원은 경주최씨관가정공(諱 淸)의 후손으로서 본회에서 인정하는 관가정보에 등재되거나 본회에 등록된 후손인 민법상 성년으로 한다.

◎ 제7조: 권리

본회의 종헌에 따라 평등한 선거권, 피선거권, 회의참석권, 의결권을 갖는다.

◎ 제8조: 의무

본회의 회원은 다음 각 항의 의무를 갖는다.

 1) 종헌에 따른 모든 규정의 준수.

 2) 총회 및 임원, 이사회에서 의결된 사항 준수.

 3) 본회의 회비 및 부담금 납부.

제3장 임원(任員)

◎ 제9조: 임원

본회 임원은 다음과 같이 정(定)한다.

 1) 회장: 1인

 2) 부회장: 10인 이내(수석부회장 1인 포함)

 3) 이사: 20인 이내

 4) 감사: 2인

 5) 사무총장: 1인

◎ 제10조: 선출

 1) 회장: 총회에서 선출하며 참석한 회원 과반수 찬성을 얻어야 한다.

 2) 부회장: 종사에 능동적으로 수년간 참석한 회원으로 지파회장의 추천을 받아 회장이 임명하며 부회장중 1인을

수석부회장으로 선출하여야 한다.
3) 이사: 종사에 능동적으로 참여하고 지파회장의 추천을 받은 회원으로 회장이 임명한다.
4) 감사: 재무회계에 능통한 회원으로 총회에서 선출한다.
5) 사무총장: 회장은 임원중에서 1인을 사무총장으로 임명한다.

◎ 제11조: 임기
1) 회장: 회장의 임기는 3년으로 한다. 단, 1회 연임할 수 있다.
2) 감사: 감사의 임기는 3년으로 한다. 단, 1회 연임할 수 있다.
3) 부회장, 이사의 임기는 회장의 임기와 같이한다.

◎ 제12조: 직무
1) 회장: 본회를 대표하고 종무를 총괄하며 각종 회의의 의장이 된다.
2) 감사: 본회 각종 회의에 참석은 하되 의결권은 없으며 제반 업무를 감사하고 그 결과를 정기총회, 임원회에서 보고하여야 한다.

3) 수석부회장: 회장을 보좌하고 회장 유고시에는 회장의 직무를 대행한다.
4) 부회장: 임원회에 참석하여 회무 또는 안건을 의결하여 총회에 부의하고 당연직 징계 위원 및 종재위원이 된다.
5) 이사: 임원회에 참석하여 회무 또는 안건을 의결하여 총회에 부의한다.
6) 사무총장: 사무총장은 회장을 보좌하고 종사에 관련한 제반업무를 관장한다. 총무부장 1인을 사무총장이 추천하고 회장이 임명하여 업무를 보조하게 한다.

◎ 제13조: 보수
본회의 임원의 판공비 및 거마비, 유급직원의 급여는 임원회에서 결정하여 지급한다.

◎ 제14조: 명예회장과 고문
1) 전임 회장은 명예회장으로 추대한다.
2) 본회 발전에 기여한 공적이 현저한 회원 중 임원회의 추천으로 회장이 고문을 추대 한다.

제4장 총회(總會)

◎ 제15조: 총회의 구성
본회의 총회는 대의원회로 대신한다.

◎ 제16조: 총회의 구분 및 시기
총회는 정기총회와 임시총회로 구분하되 그 성립요건 및 효력은 동일하며 개최 시기는 다음과 같다.
 1) 정기총회는 매년 음력 10월 6일 관가정공 추향제일 10일 전에 개최함을 원칙으로 한다.
 2) 임시총회는 회장이 필요하다고 판단될 때와 임원회 과반수 찬성으로 의결하며, 회장이 소집. 개최한다.
 3) 총회 개최시 10일 전에 안건을 명시하여 우편으로 소집. 통보하여 개최 한다(전화로도 통보할 수 있다).

◎ 제17조: 총회 부의 안건
 1) 회장 및 감사 선출에 관한 사항. 단, 정기총회에서 선출하는 것을 원칙으로 하나 긴급 사안으로 인한 결원시 임시총회에서도 선출할 수 있다
 2) 종헌 개정에 관한 사항.
 3) 봉사 및 분묘 또는 기념관 관리 사항.
 4) 예산 및 결산에 관한 사항.

5) 임원회에서 부의된 사항.

6) 종중 재산의 관리운영과 처분에 관한 사항.

7) 족보 및 간행물에 관한 사항.

8) 기타 총회의 의결을 요하는 사항.

◎ 제18조: 대의원회

1) 구성: 40인 이내(당연직 14인 이내. 선출직 26인 이내)

2) 당연직: 회장, 부회장, 감사, 사무총장은 당연직 대의원이 된다.

3) 선출직: 본회에 수년간 참석하고 지파에서 신임하는 종인을 부회장과 이사의 추천으로 회장이 임명한다.

4) 직무: 본회 대표의결기관으로서 총회를 대신하여 제17조 사항을 의결한다.

◎ 제19조: 의결

1) 본회 회의는 과반수 참석자를 정족수로 하여 개최하며 참석자 과반수의 찬성으로 의결 한다. 단, 가/부 동수일 때는 의장(회장)이 결정한다

2) 불가피한 사정으로 회의에 불참할 때는 위임장(委任狀)을 제출할 수 있으며 위임을 받은 회원에게 모든 의결권

을 위임한 것으로 인정한다.
3) 각종 회의에서 의결된 사항은 회의록을 작성하여 의장이 지명하는 3인(수석부회장, 이사 2명) 이상이 서명 날인하여 법정 유효기간까지 보관한다.

제5장 임원회(任員會)

◎ 제20조: 임원회 구성 및 개최
1) 구성: 제9조의 임원으로 임원회를 구성한다.
2) 의장: 본회 회장은 임원회를 비롯한 각종 회의시 의장이 된다. 회장 유고시 수석부회장이 직무를 대행한다.
3) 정족수: 임원 과반수 참석으로 성원이 되고, 참석 인원의 과반수 찬성으로 의결한다.
4) 충원: 임원이 궐위될 시는 제10조의 규정에 따라 충원하며 임기는 전임자의 잔여임기로 한다. 임원회에 3회 연속 불참한 임원은 1년간 자격이 정지된다.
5) 개최: 임원회는 회장이 소집하여 개최하되, 정기총회 30일 전에는 반드시 개최한다.
재적 1/3이상 임원이 회의 목적을 제시하고 임원회의 개최를 요구할시에는 회장은 즉시 임원회를 개최하여야 한다.

6) 부의 안건: 임원회는 다음 각 사항을 심의·의결한다.

㉮ 총회에서 부의할 사항에 대한 심의와 총회에서 위임된 사항의 의결.

㉯ 종헌 개정안에 대한 심의.

㉰ 예산 및 결산에 관한 심의.

㉱ 송사 기타 분쟁처리에 관한 사항의 의결.

㉲ 사업수행과 기념관 유지. 관리에 대한 사항의 의결.

㉳ 임원 및 대의원의 연회비 결정.

㉴ 고문 추대 사항 의결.

㉵ 포상과 징계에 관한 사항 의결.

㉶ 본회의 임원의 판공비. 거마비 및 유급직원 보수 결정.

제6장 재산관리 및 회계(財産管理 및 會計)

◎ 제21조: 재산관리

1) 본회의 모든 재산은 본 대종회 또는 대표자 다중의 명의로 등기·등재하여 관리하고, 재산목록을 비치한다.

2) 예금은 본회 명의(경주최씨관가정공파대종회)로 예치하고 반드시 본회의 예금임을 통장 및 은행원장에 명기한다.

3) 재산의 취득. 처분 및 변경의 사안에 대하여는 감사를

포함한 3인 이상의 이사가 서면을 통한 연명으로 확인 하여야 한다.
 4) 앞 1항의 재산목록을 비롯한 재산 관련 문건은 회원의 요구가 있을 때에는 이를 열람 할 수 있도록 해야 한다.

◎ 제22조: 수입
본회의 운영재원은 회원의 회비와 자산 수입금과 제 부담금과 찬조 및 기타 수입금으로 한다. 단, 본회의 수입금은 종재에 귀속시키고 종회원들에게 배분하지 않는다,

◎ 제23조: 회계
 1) 회계는 사무총장이 관장하고 정기총회시에 보고한다.
 2) 예산의 집행은 총회에서 승인 받은 예산의 범위 안에서 함을 원칙으로 한다. 다만, 부득이한 경우에는 임원회의의 결과 감사의 승인을 받은 후 선 집행하고 추후 총회의 추인을 받아야 한다.

◎ 제24조: 회계 감사
감사는 본회 회계에 관한 사항을 감사 2명이 합동으로 연 1회 이상 감사하여 총회에 보고한다.

◎ 제25조: 회계 년도

매년 10월1일부터 익년 9월 30일까지로 한다.

제7장 족보, 종보(族譜, 宗報)

◎ 제26조: 족보, 출판

1) 족보 편찬은 개인이 절대 할 수 없으며 반드시 본회에서 족보 편찬을 주관한다.
2) 관가정공파 대동보는 전체를 한글로 편찬하여 누구나 편리하게 볼 수 있게 한다(최대한 권수를 축소하여 보관. 활용에 편리하도록 한다).
3) 관가정공 후손은 수시. 항시 접수받아 등보하여 편찬기일 때문에 등재를 못하는 종인이 없도록 한다.
4) 홈페이지에 접속하여 온라인으로 전 세계 어느곳에서도 족보를 확인할 수 있도록 한다.
5) 본회 회원은 전국에서 대동보(족보)를 한다고 하여도 가입. 등재하지 말아야 하며 본회에서는 관가정공파 족보만 인정한다.
6) 종보: 예산이 확보되는 대로 발행하여 회원들에게 배포한다.

제8장 봉제사(奉祭祀)

◎ 제27조: 봉제사 일자

1) 최치원 춘향대제: 매년 양력 5월 둘째 토요일.
2) 관가정공 추향제(묘제): 매년 음력 10월 6일.

◎ 제28조: 최치원(고운) 봉제사(奉祭祀) 봉사위(奉仕位)

■ 최치원(崔致遠) 贈諡 고운공(孤雲公) 문창후(文昌侯) 경주최씨始祖

■ 은함(殷含) 원보공(元輔公) 신라 원보

■ 승로(承老) 贈諡 문정공(文貞公) 청하후(淸河侯) 문하시중

■ 숙(肅) 贈諡 인효공(仁孝公) 문하시중 평장사(平章事)

■ 제안(齊顔) 贈諡 순공공(順恭公) 문하시중 대광태사(大匡太師)

■ 계훈(繼勳) 王贈名 계훈공(繼勳公) 고려 문하찬성사

■ 현배(玄培) 삼중대광 문하부중 대제학(大提學)

■ 습(隰) 삼중대광 찬성사(三重大匡 贊成事)

■ 유경(有慶) 문하시중 양광도 도순찰사(楊廣道 都巡察使)

■ 자운(子雲) 판봉상시사(判奉常寺事)

1) 춘향대제 봉행 때는 헌관 및 제례위원을 행사 전에 추천하여 선임하고 준비를 갖추어 통보하도록 한다.

2) 제례 분정기에 의하여 제례위원들은 예행연습을 한다
3) 춘향대제는 시조님을 주벽으로 하여 봉행한다.

◎ 제29조: 관가정공(청) 세일사(묘제)
- 청(淸) = 관가정공(觀稼亭公) 검교정승   배위 경주이씨
- 연지(淵止) = 수안공(遂安公) 수안군수   배위 일직손씨
- 경동(敬仝) = 신천공(信川公) 통훈대부   배위 해주최씨
- 경충(敬忠) = 승지공(承旨公) 건원릉참봉   배위 함양박씨

제9장 상벌(賞罰)

◎ 제30조: 포상과 징계
1) 포상: 선조를 숭앙하고 그 유훈을 독행하여 타의 귀감이 되고 종사에 공적이 현저한 회원은 임원회의 의결을 거쳐 포상한다.
2) 징계
㉮ 본회 종헌 8조의 의무를 이행하지 않는 회원은 징계위원회에서 심의, 의결하여 징계할 수 있다.
㉯ 징계위원회는 본회 회장을 위원장으로, 부회장을 위원으로 하여 구성하되, 과반수 참석, 참석 위원의 과반수 찬성으로 의결한다

㉠ 징계는 비행의 정도에 따라 경고, 자격정지(3년, 6년, 9년)로 구분한다
㉡ 징계대상자는 징계위원회에 서면으로 소명기회를 가진 후 회의에는 참석할 수 없다
㉢ 징계를 할 때에는 징계사유와 기간을 정한 징계처분통지서를 작성하여 통보하여야 한다.

◎ 제31조: 회장의 징계
감사는 회장 재임시 종헌위반 및 공금횡령. 유용. 직무유기 등의 징계사유가 발생하면 수석부회장에게 회장의 징계를 위한 임시총회 소집을 제청할 수 있다.
회장의 징계는 총회에서 재적대의원 과반수 참석으로 성원되고 과반수 찬성으로 징계할 수 있다. 이때 징계위원회의 위원장은 수석부회장이 되며 징계기간 및 징계안을 확정한다.
회장을 상대로 하는 소송은 종중을 대표하는 회장(수석부회장 등)에게 위임하고 소송비용은 종중이 부담한다.
시행세칙은 부칙에 별도로 조례를 제정할 수 있다.

부칙(附則)

1) 본 종헌은 종헌 개정안이 의결된 날부터 효력이 발생한다.
2) 종전의 종헌에 의한 부회장과 이사는 임기(2021년 정기총회 전)가 끝날 때까지 임원의 지위를 유지하되, 그 전이라도 사임할 수 있으며, 회장은 본 종헌에 따라 26인 이내의 대의원을 임명할 수 있으나, 그 임기는 2021년 정기총회전 까지로 한다.
3) 본 종헌에서 규정하지 않은 사항은 사회적 통념과 일반 관례에 따른다
4) 종헌 제정. 개정 작성 일
  제정일: 1978년 11월 10일
  1차 개정: 1999년 7월 20일
  2차 개정: 2001년 3월 17일
  3차 개정

자료 : 경주최씨 관가정공파 대종회, 정기총회 자료(제63차), 2020년도.

5. 경주최씨 관가정공파 대종회 역대 회장

초대회장	최영범(崔榮範)	1956.10~1958(모송재)
제2대회장	상동	1958~1962(상동)
제3대회장	최종무(崔鍾武)	1962~1964(상동)
제4대회장	상동	1964~1966(상동)
제5대회장	최헌영(崔憲永)	1966~1968(상동)
제6대회장	상동	1968~1970(상동)
제7대회장	최익명(崔益命)	1970~1972(상동)
제8대회장	상동	1972~1974(상동)
제9대회장	최종수(崔鍾洙)	1974~1976(상동)
제10대회장	상동	1976~1978(상동)
제11대회장	상동	1978~1980(상동)
제12대회장	상동	1980~1982(상동)
제13대회장	상동	1982~1984(상동)
제14대회장	상동	1984~1986(상동)
제15대회장	상동	1986~1988(상동)
제16대회장	상동	1988~1990(상동)
제17대회장	최동필(崔東弼)	1990~1992(상동)
제18대회장	상동	1992~1994(상동)

제19대회장	상동	1994~1996(상동)
제20대회장	상동	1996~1998(상동)
제21대회장	상동	1998~2000(상동)
제22대회장	최호철(崔浩鐵)	2000~2002(상동)
제23대회장	상동	2002~2006(상동)
제24대회장	최광석(崔光錫)	2006~2008(상동)
제25대회장	최호철(崔浩鐵)	2008~2009(상동)
제26대회장	최종철(崔鍾鐵)	2009~2011(상동)
제27대회장	최병원(崔炳元)	2011~2015(상동)
제28대회장	최두식(崔斗植)	2015~2018(상동)
제29대회장	최영종(崔榮鍾)	2018~2021.02(상동)
	최상길(崔相吉)	2021.03~현재(상동)

6. 고려통일대전 공신열사 배향위(配享位) 인명록

고려역사선양회 제공, 2021. 5. 12.

	성 명	고려 최후 관직	위패 위치	비고
1	강득룡(康得龍)	대광안능부원군 안정공	西, 金	
2	강감찬(姜甘贊)	태사문하시중 인헌공	西, 木	
3	강민첨(姜民瞻)	병부상서 전열공	西, 火	
4	강호례(姜好禮)	사공 충정공	西, 火	
5	강 시(姜 蓍)	판도전서 참목공	-, -	
6	강중상(姜仲祥)	판개성부사 진원군	-, -	
7	강회중(姜淮仲)	보문각 대제학 통계공	-, -	두문동72인(최)
8	공 은(孔 㒕)	문하시랑평장사 고산공	東, 金	두문동72인(최)
9	곽 원(郭 元)	상주국 문성공	西, 火	
10	곽 여(郭 輿)	동산처사 왕사진정공	西, 火	
11	곽 예(郭 預)	지밀사직 연택공	西, 土	
12	곽 린(郭 麟)	공택서령 장원공	西, 土	
13	곽 추(郭 樞)	삼중대광 상당군	西, 土	두문동72인(기)
14	곽 상(郭 尙)	수사공	西, 火	
15	구 홍(具 鴻)	좌시랑 문절공	西, 金	두문동72인(최)
16	국 주(鞠 周)	추성군	東, 土	
17	국지원(鞠知遠)	문하시랑 평장사	東, 土	
18	국영돈(鞠暎敦)	문하찬성사	東, 土	
19	국성윤(鞠成允)	충청안검사	東, 土	
20	국 호(鞠 虎)	문하시랑 평장사	東, 土	
21	국 선(鞠 樿)	정당문학	東, 土	
22	국 담(鞠 譚)	보문각 대제학	東, 土	
23	국 량(鞠 樑)	병부상서	東, 土	
24	국 파(鞠 播)	삼중대광 형부상서	東, 土	
25	국 유(鞠 襦)	삼중대광 호부상서	東, 土	두문동72인(기)
26	국 무(鞠 珷)	충절신	東, 土	
27	권 재(權 載)	도참의사사 영하군	西, 木	

	성 명	고려 최후 관직	위패 위치	비고
28	권 행(權 幸)	삼중태광태사	-, -	
29	권 박(權 溥)	도참의정승 정목공	西, 木	
30	권중귀(權重貴)	동지밀직사사	西, 木	
31	권 정(權 定)	좌사련 사복재	西, 木	두문동72인(최)
32	권상좌(權上佐)	상호군 명하군공	西, 木	
33	금용식(琴容式)	태사 동원군	-, -	
34	금 의(琴 儀)	태보 평장사 영열공	-, -	
35	길 재(吉 再)	문하주서 문절공 야은	-, -	두문동72인(최)
36	김식희(金式希)	삼중대광태사	西, 木	
37	김 부(金 乂)	태상내사령	-, -	
38	김 률(金 律)	보국대장군	-, -	
39	김원봉(金元鳳)	서북면 병마도지부사	西, 木	
40	김사혁(金斯革)	지문하사 상원수 충절공	西, 木	
41	김승로(金承露)	지인주사 송오공	-, -	두문동72현(최)
42	김윤남(金允南)	낭천 감무	西, 木	
43	김양남(金揚南)	진사일로정	西, 木	
44	김의진(金義珍)	평장사 낭신공	西, 土	
45	김인경(金仁鏡)	중서시랑 평장사 정숙공	西, 土	
46	김자수(金自粹)	형조판서	-, -	두문동72현(최)
47	김충한(金冲漢)	예조판서 문인공	西, 土	두문동72현(최)
48	김 길(金 佶)	삼중태광 사공	東, 木	
49	김양감(金良鑑)	수태보 문하시중 문안공	東, 木	
50	김종연(金宗衍)	밀직사사 전라도원수	東, 木	
51	김승길(金承吉)	함종현령 사음	東, 木	두문동72현(최)
52	김 유(金 維)	중랑장	東, 木	
53	김약시(金若時)	예조부령 충정공	東, 木	두문동72현(전)
54	김자진(金子進)	금위사정 수산공	東, 木	두문동72현(기)
55	김오행(金五行)	매은	東, 木	
56	김남우(金南雨)	공조전서	東, 木	

	성 명	고려 최후 관직	위패 위치	비고
57	김 낙(金 樂)	삼중대광 충장사	東, 木	
58	김 수(金 錘)	문하시중	東, 木	
59	김위옹(金渭翁)	삼주좌승	東, 木	
60	김득배(金得培)	서북면 도병마사 문충공	西, 金	
61	김득재(金得齊)	삼사우사 상산군	西, 金	
62	김선치(金先致)	전라도도순간사 낙성군	西, 金	두문동72현(최)
63	김신보(金臣寶)	도통사	西, 金	
64	김 준(金 後)	보문각 직제학	西, 金	두문동72현(전)
65	김 기(金 起)	광주목사 화의군	西, 金	
66	김선궁(金宣弓)	삼중대광 문하시중	西, 木	
67	김달상(金達祥)	지밀직사사	西, 木	
68	김 제(金 濟)	지평해군사 충개공	西, 木	
69	김 주(金 澍)	예의판서 충정공	西, 木	
70	김군정(金君鼎)	좌대언	西, 木	
71	김가행(金可行)	동래현령	西, 木	
72	김칠양(金七陽)	지수안군사	-, -	
73	김거공(金巨公)	문하시중 문충공	東, 土	
74	김거익(金居翼)	정당문학	西, 金	두문동72현(최)
75	김구정(金九鼎)	황간감무	東, 金	두문동72현(최)
76	김원술(金萱述)	문하시중 장열공	西, 火	
77	남을진(南乙珍)	참지문하부사 문안공	西, 金	두문동72현(기)
78	남총례(羅聰禮)	대광 금성부원군	-, -	
79	나 유(羅 裕)	지밀직사사 금성군	-, -	
80	나익희(羅益禧)	참의참리 양질공	-, -	
81	나계종(羅継従)	예문각제학 송은공	-, -	
82	나천서(羅天瑞)	문하시중 안정백	東, 金	두문동72현(기)
83	노준공(盧俊恭)	성리학자 절효공	東, 金	두문동72현(최)
84	노인정(盧仁正)	문하시중	東, 水	
85	노강필(盧康弼)	태자 태사 부원군	西, 火	

	성 명	고려 최후 관직	위패 위치	비고
86	노 목(魯 穆)	문하시중 문충공	-, -	
87	노 신(魯 愼)	상호군 무열공	-, -	
88	도 응(都 膺)	중대강 청송당공	-, -	두문동72현(최)
89	도차달(都車達)	대승공	-, -	
90	도공권(都公權)	참지정사 문절공	-, -	
91	유 택(柳 澤)	상서 좌복사	-, -	
92	유언심(柳彦沉)	예부상서	-, -	
93	유 경(柳 璥)	첨의중찬 문정공	-, -	
94	유 숙(柳 淑)	첨의찬성사	西, 金	
95	유방택(柳方澤)	판서운관사	西, 金	두문동72현(최)
96	유 번(柳 蕃)	문하찬성사 약수공	-, -	두문동72현(최)
97	유혜손(柳惠孫)	판후덕부사 안간공	西, 木	
98	유 순(柳 珣)	예문관 대제학	西, 木	
99	유 번(柳 蕃)	밀직사사 벽은공	-, -	두문동72현(최)
100	유공원(柳公元)	문화시랑평장사	西, 土	
101	유극렴(柳克謙)	판상서사부사 충숙공	西, 土	
102	문달한(文達漢)	문하평리 순평군	西, 土	
103	문익점(文益漸)	연의대부 삼우당	西, 土	두문동72현(기)
014	문중성(文中誠)	연의대부 순질공	西, 土	
105	민 적(閔 漬)	도첨의정승 문인공	東, 金	
106	민안부(閔安富)	대제학 사암공	-, -	두문동72현(최)
107	민 유(閔 愉)	예의판관	東, 金	두문동72현(기)
108	박술희(朴述熙)	삼중대광	東, 木	
109	박 심(朴 諶)	공조전서 해은공	東, 木	두문동72현(전)
110	박 익(朴 翊)	예부시랑 충숙공	東, 水	두문동72현(최)
111	박선중(朴宜中)	밀직제학 정재공	西, 水	두문동72현(최)
112	박 침(朴 忱)	호조판서	西, 水	두문동72현(전)
113	박원경(朴元鏡)	삼중대광 삼척부원군	東, 金	
114	박윤웅(朴元鏡)	흥려백장부공	西, 木	

성 명		고려 최후 관직	위패 위치	비고
115	박 취(朴 諏)	충청 감사 사은공	西, 木	
116	박 유(朴 俞)	한림학사	西, 木	두문동72현(최)
117	박기오(朴奇悟)	태보삼중대광	東, 木	
118	박지양(朴之亮)	부장, 판삼사사	西, 水	
119	배현경(裵玄慶)	대광무열공	東, 木	
120	배중손(裵仲孫)	대장군	東, 木	
121	배인경(裵仁慶)	지추밀원사 함안부원군	東, 金	
122	배상지(裵尙志)	판사복시사 백중당	東, 水	두문동72현(최)
123	백이정(白頤正)	삼중대광 상당군	-, -	
124	백 장(白 莊)	보문각 대제학	西, 水	두문동72현(최)
125	변안열(邊安烈)	령삼사사 원천부원군	東, 水	
126	변 숙(邊 肅)	호조전서	-, -	두문동72현(기)
127	변 려(邊 呂)	상장군	西, 土	
128	복지겸(卜智謙)	삼중대광태사 무공공	西, 木	
129	복 규(卜 奎)	지서경유수	西, 木	
130	복장한(卜章漢)	낭중	西, 木	
131	복위룡(卜渭龍)	사온서직장 어은공	西, 木	두문동72현(최)
132	부종의(夫宗義)	답동자	西, 水	
133	서 필(徐 弼)	내의령 정민공	西, 火	
134	서 희(徐 熙)	대보내사령 장성공	西, 火	
135	서 눌(徐 訥)	문하시중 원숙공	西, 火	
136	석 린(石 隣)	상장군 방제	東, 水	
137	석여명(石汝明)	좌찬성 화원공	東, 水	
138	선용신(宣用臣)	병부상서	西, 金	
139	선윤지(宣允祉)	전라안겸사 퇴유당	西, 金	
140	설공검(薛公儉)	참의중찬 문양공	-, -	
141	설 의(薛 凝)	참의정사	-, -	
142	설 마(薛 馮)	엄곡공	-, -	
143	성여완(成汝完)	정당문학 문정공	西, 水	두문동72현(최)

	성 명	고려 최후 관직	위패 위치	비고
144	성사제(成思齊)	보문각 직제학 정절공	西, 水	두문동72현(기)
145	성 부(成 溥)	형부총랑 미산공	西, 水	두문동72현(최)
146	성만용(成萬庸)	판도전서	西, 水	
147	성중용(成仲庸)	판도전서	西, 水	
148	손경훈(孫兢訓)	삼중대광	西, 木	
149	손 빈(孫 贇)	정당문학 상장군	西, 木	
150	손효정(孫孝貞)	좌윤	西, 火	
151	송 인(宋 寅)	문하좌시중 송촌공	東, 水	두문동72현(기)
152	송 경(宋 卿)	밀직사사 숙의공	-, -	
153	송광언(宋光彦)	대사성 연안군	-, -	
154	송 인(宋 仁)	문하시중평장사	西, 水	두문동72현(기)
155	송광보(宋匡輔)	안성군사 죽계공	西, 水	두문동72현(최)
156	송 계(宋 桂)	시중	東, 水	
157	신 수(愼 修)	수사도 공헌공	-, -	
158	신집평(愼執平)	신호대장군	-, -	
159	신덕린(申德隣)	예의판서	東, 土	두문동72현(최)
160	신포익(申包翊)	진사 아촌공	東, 土	
161	신숭겸(申崇謙)	대사 장절공	東, 木	
162	신 안(申 晏)	유현 문정공	-, -	
163	신 안(申 晏)	종부사령	-, -	두문동72현(전)
164	신 규(申 珪)	개성군	東, 木	
165	신 군(申 珺)	한림사관	-, -	
166	신 순(申 珣)	직랑도관	東, 木	
167	신용의(申用義)	정당문학 문선공	-, -	
168	신 아(申 雅)	동지밀직사사	-, -	
169	신 하(申 夏)	한성윤	-, -	
170	신 기(申 淇)	온수감전이판서	東, 木	
171	신득청(申得淸)	예조판서	-, -	
172	심완부(沈完符)	전이판서 악은공	西, 水	두문동72현(최)

	성 명	고려 최후 관직	위패 위치	비고
173	안 향(安 珦)	삼중대광 도첨의 문성공	東, 金	
174	안문개(安文凱)	첨의찬성사 문일공	東, 金	
175	안 준(安 俊)	판봉상시사 충청공	東, 金	두문동72현(최)
176	양 우(梁 祐)	판도판서 묵재공	東, 水	
177	양천룡(梁天龍)	문하시중 운암공	東, 水	
178	오학린(吳學麟)	한림학사 구산공	西, 土	
179	오세문(吳世文)	동각시학	西, 土	
180	오세재(吳世才)	제고학사 현정공	西, 土	
181	오계유(吳季儒)	도첨의찬성사 문성공	西, 土	
182	오인유(吳仁裕)	군기감	-, -	
183	오극중(吳克中)	문하시중 문양공	西, 火	
184	오 희(吳 僖)	정언 양정공	-, -	
185	오국화(吳國華)	전서판도	西, 火	두문동72현(최)
186	우 현(禹 玄)	문하시랑 평장사	東, 火	
187	우중대(禹仲大)	문하시랑 평장사	東, 火	
188	우천석(禹天錫)	삼중대광 문하시중	東, 火	
189	우 탁(禹 倬)	성균제주 문희공	東, 火	
190	우 단(禹 磾)	문하찬성사	東, 火	
191	우길생(禹吉生)	보문각 대제학 적성군	東, 火	
192	우현보(禹玄寶)	문하찬성사 양호당	東, 火	두문동72현(전)
193	우홍수(禹洪壽)	보문각 대제학 부원군	東, 火	
194	우홍부(禹洪富)	의정부사인 정평공	東, 火	
195	우홍강(禹洪康)	강원도안렴사 안정공	東, 火	
196	우홍득(禹洪得)	집의공	東, 火	
197	우홍명(禹洪命)	예조정랑	東, 火	
198	우성범(禹成範)	중대광 대호군	東, 火	
199	위계정(魏繼廷)	대보문하시중 충렬공	-, -	
200	유 전(劉 荃)	병부상서 문의공	-, -	
201	유천우(俞千遇)	중서시랑 평장사 문도공	東, 金	

	성 명	고려 최후 관직	위패 위치	비고
202	유 천(兪 蕆)	예의판서 송은공	東, 金	
203	유 서(兪 瑞)	비순위대호군 죽촌공	東, 金	
204	윤화달(尹莘達)	삼중대광태사 소양공	東, 木	
205	윤안비(尹安庇)	문하시랑찬성사 양평공	東, 木	
206	윤군정(尹君正)	사공상서	東, 土	
207	윤만비(尹萬庇)	부지밀직사사	東, 土	
208	윤 석(尹 碩)	우정승 해평부원군	－, －	
209	윤지현(尹之賢)	진현관대제학 문영공	東, 土	
210	윤지호(尹之彪)	중대광첨의 충간공	東, 土	
211	윤방안(尹邦晏)	진현관제학	東, 土	
212	윤 진(尹 珍)	삼중대광 준평공	東, 土	
213	윤가관(尹可觀)	판밀직사사 부원수	東, 土	
214	은 정(殷 鼎)	문하시중 문충공	東, 土	
215	은행윤(殷莘尹)	보문각대제학 양열공	－, －	
216	이 황(李 璜)	호부상서 철영군	東, 金	
217	이존비(李尊庇)	판밀직부사 문희공	東, 金	
218	이 우(李 瑀)	문하시중 문헌공	東, 金	
219	이 암(李 嵒)	수문하시중 문정공	東, 金	
220	이 교(李 嶠)	이부상서 문열공	東, 金	
221	이 림(李 琳)	문하시중 철성부원군	東, 金	
222	이 강(李 岡)	진현관대제학 문경공	東, 金	
223	이희필(李希必)	삼사좌사 충정공	東, 金	
224	이귀생(李貴生)	판후 덕부사	東, 金	
225	이경조(李敬祖)	검교참의정승	西, 火	
226	이 초(李 初)	중랑장	西, 水	
227	이명성(李明誠)	감찰어사 송은공	東, 水	두문동72현(기)
228	이 진(李 瑱)	검교정승 문정공	－, －	
229	이세기(李世基)	검교정승 송암공	東, 土	
230	이 천(李 蒨)	문하시랑평장사	東, 土	

	성 명	고려 최후 관직	위패 위치	비고
231	이 규(李 撥)	참의참리 정열공	東, 土	
232	이제현(李齊賢)	문하시중 문충공 익재	-, -	
233	이달충(李達衷)	봉익대광 제정공	東, 金	
234	이연계(李連桂)	예문제학 대흥군	西, 水	
235	이존인(李存仁)	공조전서 두은공	-, -	
236	이희목(李希穆)	삼중대광 충민공	東, 土	
237	이정공(李靖恭)	문하시중 문충공	東, 土	
238	이 위(李 瑋)	중서령 계양공	東, 土	두문동72현(기)
239	이능일(李能一)	삼중대광 성산군	西, 火	
240	이여량(李汝良)	좌정언	西, 金	
241	이배년(李兆年)	정당문학 대제학	西, 金	
242	이승경(李承慶)	문하시랑평장사	西, 金	
243	이 포(李 褒)	삼중대광 경원공	西, 金	
244	이인복(李仁復)	검교시중 문충궁	西, 金	
245	이인임(李仁任)	문하시중 문숙공	西, 金	
246	이인민(李仁敏)	대제학 성산부원군	西, 金	
247	이숭인(李崇仁)	보문각대제학 도은공	西, 金	두문동72현(전)
248	이 견(李 堅)	지밀직사사	-, -	
249	이규보(李奎報)	문하시랑평장사 문숙공	西, 土	
250	이원발(李元發)	전공판서	-, -	
251	이극인(李克仁)	금오위장군 익양군	東, 土	
252	이석지(李釋之)	보문각대제학 충정공	東, 土	두문동72현(기)
253	이지저(李之氐)	검교첨의정승 문인공	東, 土	
254	이중인(李中仁)	홍복도감판관 충숙공	東, 水	두문동72현(최)
255	이사경(李士穎)	형조전서 평은공	東, 水	두문동72현(기)
256	이백천(李伯撰)	지영천현령	東, 水	
257	이양식(李陽植)	좌복사	西, 土	
258	이순우(李純祐)	국자대사성 금성군	西, 土	
259	이녹후(李祿厚)	문하시중 옥천부원군	西, 土	

	성 명	고려 최후 관직	위패 위치	비고
260	이 억(李 薿)	밀직부사 퇴은공	西, 土	두문동72현(최)
261	이금계(李攀桂)	예부상서 경원군	-, -	
262	이자연(李子淵)	태사경원백 장화공	西, 土	두문동72현(기)
263	이자현(李資玄)	청평거사 진락공	西, 土	
264	이공수(李公壽)	문하시중 문충공	西, 土	
265	이인노(李仁老)	좌련의대부 명재공	西, 土	
266	이장용(李藏用)	문하시중 문진공	西, 土	
267	이 신(李 申)	사헌부지평 계은공	-, -	
268	이 오(李 午)	성균관 진사	-, -	두문동72현(최)
269	이 경(李 瓊)	좌정은	西, 水	두문동72현(최)
270	이 의(李 穀)	도첨의찬성사 과정공	東, 金	
271	이 색(李 穡)	문하시중 목은공	東, 金	두문동72현(최)
272	이종덕(李種德)	지밀직사사 문양공	東, 金	
273	이종학(李種學)	밀직사사 인재공	東, 金	두문동72현(기)
274	이방실(李芳實)	중서시랑평장사 문열공	-, -	
275	이 치(李 致)	직제학 어은공	-, -	두문동72현(최)
276	인 분(印 份)	한림학사 문정공	-, -	두문동72현(전)
277	인 당(印 璫)	첨지정사 석성부원군	-, -	
278	임 탁(林 卓)	해주감무	西, 水	두문동72현(최)
279	임 봉(林 鳳)	군기시	西, 水	
280	임득충(林得忠)	서북도 순간사	-, -	
281	임선미(林先味)	태학생	西, 水	두문동72현(최)
282	임세춘(林世春)	세자적객령	-, -	
283	임 복(林 樸)	대사성 월정공	東, 水	
284	장대장(章大莊)	돈영부부정	-, -	두문동72현(최)
285	장 하(張 夏)	문하첨리 청계공	西, 水	
286	장정필(張貞弼)	삼중대광태사 충헌공	東, 水	
287	장안세(張安世)	덕령부윤 송은공	西, 水	두문동72현(기)
288	전록생(田祿生)	정당문학	東, 水	

	성 명	고려 최후 관직	위패 위치	비고
289	전귀생(田貴生)	첨의부사 미은공	東, 水	두문동72현(최)
290	전조생(田祖生)	정사좌윤 경은공	東, 水	두문동72현(전)
291	전자수(田子壽)	안렴사	東, 水	
292	전 순(全 順)	좌헌납	-, -	
293	전 신(全 信)	도감사 사와정	-, -	
294	전이갑(全以甲)	태사 충렬공	西, 火	
295	전의갑(全義甲)	문하시중 충강공	西, 火	
296	전오륜(全五倫)	전법판서 채미헌공	東, 水	두문동72현(최)
297	정윤종(丁允宗)	검교대장군	東, 土	
298	정인경(鄭仁卿)	도참의중찬 양열공	西, 金	
299	정습명(鄭襲明)	추밀원지주사 형양공	東, 土	
300	정몽주(鄭夢周)	문하시중	東, 水	두문동72현(기)
301	정사도(鄭思道)	지밀직사사	-, -	
302	정 예(鄭 藝)	삼중대광태보	東, 火	
303	정 유(鄭 需)	보문각대제학 문양공	東, 火	
304	정을보(鄭乙輔)	도참의찬성사	東, 火	
305	정천익(鄭天益)	전객령 문충공	東, 火	
306	정 온(鄭 溫)	사헌부대사헌	東, 水	두문동72현(최)
307	정 광(程 廣)	판전중시사 건천공	西, 水	두문동72현(최)
308	정 희(鄭 熙)	진현관직제학	-, -	두문동72현(기)
309	조 장(趙 璋)	검교대장군	-, -	
310	조 흥(趙 璵)	문하시중	-, -	두문동72현(전)
311	조원길(趙元吉)	검교시중 충헌공	-, -	
312	조 영(趙 瑛)	서운관부정	-, -	
313	조 윤(趙 瑜)	전농시부정	-, -	두문동72현(기)
314	조인규(趙仁規)	대광문하시중 정숙공	西, 金	
315	조 견(趙 狷)	지신사 송산공	西, 金	두문동72현(기최)
316	조철산(趙鐵山)	부윤 석보공	西, 金	두문동72현(기)
317	조승숙(趙承肅)	부여감무 덕곡공	東, 水	두문동72현(최)

	성 명	고려 최후 관직	위패 위치	비고
318	지용기(池湧奇)	삼중대광	-, -	
319	진총후(陳寵厚)	신호위대장군	西, 水	
320	차효전(車孝全)	대광연안백 무열공	西, 火	
321	차약송(車若松)	평장사 문간공	西, 火	
322	차 주(車 偄)	참지정사 문충공	西, 火	
323	차송우(車松祐)	지복주사 중흥백	西, 火	
324	차포온(車蒲溫)	좌상용산군 문목공	西, 火	
325	차원부(車原頫)	연의대부 문절공	西, 火	두문동72현(최)
326	차인조(車仁頫)	시어사	西, 火	
327	차안경(車安卿)	중랑장 송절공	西, 火	
328	차상도(車尙道)	진사 죽조공	西, 火	
329	채귀하(蔡貴河)	호조전서 다의당	西, 水	두문동72현(최)
330	최필달(崔必達)	삼중대광 경흥부원군	東, 水	
331	최 웅(崔 凝)	삼중대광	-, -	
332	최승로(崔承老)	태광태사 청하후 문정공	東, 火	
333	최 숙(崔 肅)	태사 충일공	東, 火	
334	최제안(崔齊顔)	태광태사 순공공	東, 火	
335	최 청(崔 淸)	검교정승 관가정공	東, 火	두문동72현(최)
336	최지몽(崔知夢)	수내사령 민후공	-, -	
337	최안우(崔安雨)	군기사소윤 죽계공	-, -	
338	최준옹(崔俊邕)	삼중대광태사	西, 火	
339	최유청(崔惟淸)	수대보평장사	西, 火	
340	최 당(崔 讜)	수태위평장사 정안공	西, 火	
341	최 영(崔 瑩)	삼중대광문하시중 무민공	東, 木	
342	최칠석(崔七夕)	삼중대광 위정공	西, 水	두문동72현(기)
343	최 양(崔 瀁)	보문각대제학	西, 水	두문동72현(최)
344	최 충(崔 冲)	태사문하시중 문헌공	東, 火	
345	최유선(崔惟善)	태사문하시중	東, 火	
346	최사추(崔思諏)	태사문하시중	東, 火	

	성 명	고려 최후 관직	위패 위치	비고
347	최윤의(崔允儀)	태사문하시중 문숙공	東, 火	
348	최안택(崔安澤)	영랑장 구일공	東, 火	
349	최 영(崔 瑛)	삼중대광 곡강부원군	東, 金	
350	하공진(河拱辰)	문하시랑평장사	西, 土	
351	하자종(河自宗)	군부상서	西, 土	두문동72현(기)
352	한 란(韓 蘭)	삼중대광태위	東, 火	
353	한 악(韓 渥)	중찬 사숙공	東, 火	
354	한 수(韓 脩)	판후덕부사 문경공	東, 火	
355	한방신(韓方信)	참의평리 서원군	東, 火	
356	한철충(韓哲冲)	전법상서 몽계공	東, 火	두문동72현(기)
357	한 천(韓 蕆)	예문각 대제학	東, 火	
358	허 기(許 麒)	보숭중랑장 정절공	-, -	
359	홍 유(洪 儒)	삼중대광태사 충렬공	西, 木	

주 : 비고란의 두문동 72현의 "기"는 기우집, "전"은 전고대방, "최"는 최권흥의 일흔 두 분을 각 각 의미함.
자료 : 고려역사선양회, 「高麗」, 통권제25집, 2020.

7. 〈표〉, 〈그림〉 목차

〈그림 1〉 관가정 최청(崔淸)의 가계도	16
〈표 1〉 관가정 최청(崔淸)의 가족관계	17
〈그림 2〉 익재 이제현(李齊賢)의 초상화	23
〈표 2〉 경주최씨 族譜 편찬의 沿革	32
〈표 3〉 경주최씨의 系派 現況	38
〈표 4〉 경주최씨의 계파별 지파(支派) 수	41
〈표 5〉 경주최씨 관가정공파의 지파(支派) 현황	42
〈그림 3〉 거창 운정문중(雲亭門中)의 종가 세계도	51
〈그림 4〉 거창 雲亭 入鄕祖 承旨公 致龍의 墓	52
〈그림 5〉 入鄕祖 承旨公 致龍 宗室 : 見龍齋	53
〈그림 6〉 見龍松	53
〈그림 7〉 28세 죽암공 종명(鍾名)을 기리는 덕산정(德山亭)	54
〈그림 8〉 관가정공파 와티문중 선영	56
〈그림 9〉 관가정공파 와티문중의 재실 : 덕양재(德陽齋)	57
〈표 6〉 임란시 사천·곤양의 의병 참여자 인물 현황	59
〈그림 10〉 두문동비(杜門洞碑)	79
〈그림 11〉 두문동비각(杜門洞碑閣)	79
〈그림 12〉 송악산과 개성시의 전경	82
〈그림 13〉 개성전도(1872년)	83

〈그림 14〉 정선군 남면 고려유신 칠현비(七賢碑)　　　91

〈그림 15〉 채미헌 全先生 實記　　　91

〈표 7〉「두문동 일흔 두 분」의 이름과 마지막 행선지　　　95

〈그림 16〉 두문동 일흔 두 분　　　97

〈표 8〉 기우집(騎牛集)의「두문동 72현록」　　　106

〈표 9〉 전고대방(典故大方)의「고려 두문동 72현인」　　　106

〈표 10〉 최권흥의「두문동 일흔 두 분」　　　107

〈그림 17〉 觀稼亭公 淸의 墓所　　　111

〈그림 18〉 2008년 새로 세운 관가정공 묘비　　　112

〈그림 19〉 새로 세운 비석의 뒷면　　　112

〈그림 20〉 1955년에 처음 세운 비석　　　112

〈그림 21〉 모송재(慕松齋)　　　114

〈그림 22〉 慕松齋의 정문 : 節義門　　　115

〈그림 23〉 慕松齋 현판　　　115

〈그림 24〉 모송재기(慕松齋記)　　　115

〈그림 25〉 관가정공 신도비(뒷면)　　　124

〈그림 26〉 관가정공 신도비(앞면)　　　124

〈그림 27〉 도충사에 봉안된 관가정공 영정　　　125

〈그림 28〉 도충사(道忠祠)　　　126

〈그림 29〉 부성사(富城祠)　　　128

〈그림 30〉 부성사의 외삼문(外三門)　　　128

〈그림 31〉 모송사(慕松祠)의 최청 영정　129
〈그림 32〉 모송사(慕松祠)　129
〈그림 33〉 최치원기념관 삼문(三門)　130
〈그림 34〉 최치원기념관 대성전(大成殿), 좌측 건물이
　　　　　 서재(西齋)임.　131
〈그림 35〉 대성전 안에 봉안한 고운 최치원시조 영정　131
〈그림 36〉 대성전 고운시조 영정 좌우에 봉안된
　　　　　 다섯 분의 위패　132
〈그림 37〉 대성전 고운시조 영정 좌우에 봉안된 네 분의 위패　132
〈그림 38〉 최치원기념관 본당　133
〈그림 39〉 관가정공파 와티문중의 최치원기념관 방문　133
〈그림 40〉 고려통일대전 정전(正殿)　135
〈그림 41〉 고려통일대전 내삼문(內三門)　136
〈그림 42〉 정전(正殿)의 공신 위패봉안실 장면　136
〈그림 43〉 정전(正殿)에 봉안된 경주최씨 네 분의 위패 내용　136
〈그림 44〉 고려말 3대왕의 계통과 모계도　150

참고문헌 및 자료 (가나다순)

- 강원도 정선군, 정선군지, 上권, 2004.
- 강효석, 典故大方, 高麗杜門洞七十二賢人, 1924.
- 경기도 양주군, 양주군지(上, 下), 1992.
- 경주최씨 관가정공파 세보(전六권), 1978.
- 경주최씨 관가정공파 영사보, 1994.
- 경주최씨 관가정공파 대종회, 2011년도 정기총회 자료, 2011.
- 고려사, 135권, 禑王(우왕)편, 甲子(1384) 五月條
- 고려역사선양회, 회지「高麗」, 통권 제25집, 2020년판.
- 고운 최치원도서관 인터넷 사이트, 2021.3.1.
- 권익상, 관가정 최청 神道碑銘, 1924.
- 김동호, 崔殷含·承老 가문의 연구, 嶠南史學2, 1986.
- 김연갑, 정선아리랑과 목은 이색, 명상, 2006.
- 김정자, 杜門洞 72현의 人物選定에 대한 검토, 부대사학, 제22집, 1998.
- 김한기, 두문동72현의 사적(事蹟)과 유시(遺時), 성균관대학교 석사학위논문, 1997.
- 남양주문화원, 남양주 인물이야기, 2019.
- 박명수, 고려유사, 산점Friends, 2009.
- 박종기, 고려열전, 청아문화사, 2019.

- 보경문화사, 大同奇聞, 1992.

- 석 산, 高麗王史, 뿌리깊은나무, 2021.

- 송경록, 개성이야기, 푸른숲, 2000.

- 송준호, 朝鮮社會史研究, 일조각, 1987.

- 송헌석, 麗末忠賢錄, 福龍紙物鋪, 戊辰(1888).

- 이수건, 한국의 성씨와 족보, 서울대출판부, 2015.

- 이훈구, 목은 李穡先生 略傳, 도서출판 심강, 2019.

- 이홍직, 국사대사전, 동아출판사, 1975.

- 이종술, 騎牛集 권2, 杜門洞七十二賢錄, 고종9년(1872).

- 장대열, 두문동 칠십이인보, 다운샘, 2008.

- 정종노, 杜門洞先生實記, 己巳(1809).

- 최권흥 외 3인, 두문동 일흔 두 분, 다운샘, 1999.

- 최권흥 외 3인, 배록동 여든분, 다운샘, 2010.

- 최낙영, 慶州崔氏觀稼亭 崔淸의 史錄, 미발표문(4책), 2021.

- 최정윤, 고운 최치원, 도서출판해암, 2018.

- 충남 서산시, 서산시지, 1998.

- 충남서산문화원, 서산의 문화(1999), 서산군지, 2005.

- (사)평화문제연구소, 조선향토대백과, 2008.

- 하현강, 崔承老의 政治思想研究, 梨大史苑 12, 1975.

- 한가락모임, 선비의 노래를 부르며-한가락 제6권, 1995.

- 海東汎崔氏通史, 한국보학연구회, 1989.

출판비 협찬자

- 경주최씨 관가정공파 대종회(최상길)
- 경주최씨 관가정공파 승지공 몽렬파(감사공)
- 경주최씨 관가정공파 호남종친회(최영종)
- 경주최씨 관가정공파 와티문중(최수윤)
- 경주최씨 관가정공파 와티문중 운룡공 득룡가(최윤철)
- 경주최씨 관가정공파 와티문중 자헌공 순학가(최동식)
- 경주최씨관가정공파 와티문중 가선공 순금가(최갑규)
- 경주최씨 관가정공파 와티문중 호의공 득문가(최경호)
- 경주최씨 관가정공파 와티문중 창만공 득래가(최기배)
- 경주최씨 관가정공파 거창 운정문중(최준대)
- 경주최씨 관가정공파 와티문중 재부종친회(최정윤)
- 경주최씨 관가정공파 와티문중 최계열(33세)
- 경주최씨 관가정공파 와티문중 최기환(34세)
- 경주최씨 관가정공파 와티문중 최연섭(33세)
- 경주최씨 관가정공파 와티문중 최학범(32세)
- 경주최씨 관가정공파 와티문중 최달호(32세)
- 경주최씨 관가정공파 와티문중 최계성(33세)
- 경주최씨 관가정공파 와티문중 최우진(33세)
- 경주최씨 관가정공파 와티문중 최우정(33세)
- 경주최씨 관가정공파 와티문중 최인숙(34세, 여)
- 경주최씨 관가정공파 와티문중 최기영(34세)

※ ( )안의 숫자는 세대(世代)를 뜻함.

고려말 선비 관가정
최청崔淸의 역사

인 쇄 일 2021년 9월 30일
발 행 일 2021년 9월 30일

지 은 이 최정윤(崔正鋭) 외 3인
기획편집 도서출판 해암 (TEL. 051-254-2260)
펴 낸 곳 경주최씨 관가정공파 와티문중
　　　　　TEL. (055)854-2117

등록번호 제325-2001-000007호
ISBN 978-89-6649-213-8 03990

값 20,000원

저자소개

최 정 윤 부경대학교 명예교수, 경제학박사
　　　　　경주최씨 관가정공파 와티문중 전 회장

최 낙 영 경주최씨 관가정공파 대종회 전 사무국장
　　　　　주식회사 꿈앨범 전 상무이사

최 수 윤 경주최씨 관가정공파 와티문중 현 회장
　　　　　경상남도미술대전 서예부문 5회 입선

최 문 규 경주최씨 관가정공파 대종회 전 사무국장
　　　　　전 서울신문사 출판편집부 부장